国家社科基金一般项目"基于母国效应的对外直接投资质量与经济高质量发展研究"（20BJY192）

刘文勇 杨 光◎著

中国对外直接投资的 "母国效应" 研究

Research on Home Country Effects of China's Outward Foreign Direct Investment

中国财经出版传媒集团

 经济科学出版社
Economic Science Press

·北京·

图书在版编目（CIP）数据

中国对外直接投资的"母国效应"研究/刘文勇，
杨光著 . --北京：经济科学出版社，2024.6. --ISBN
978-7-5218-6011-5

Ⅰ. F832.6

中国国家版本馆 CIP 数据核字第 20245W65Q1 号

责任编辑：杜　鹏　张立莉　武献杰
责任校对：刘　昕
责任印制：邱　天

中国对外直接投资的"母国效应"研究
ZHONGGUO DUIWAI ZHIJIE TOUZI DE "MUGUO XIAOYING" YANJIU
刘文勇　杨　光◎著

经济科学出版社出版、发行　新华书店经销
社址：北京市海淀区阜成路甲 28 号　邮编：100142
编辑部电话：010 - 88191441　发行部电话：010 - 88191522
网址：www. esp. com. cn
电子邮箱：esp_ bj@ 163. com
天猫网店：经济科学出版社旗舰店
网址：http://jjkxcbs. tmall. com
固安华明印业有限公司印装
710×1000　16 开　13 印张　210000 字
2024 年 6 月第 1 版　2024 年 6 月第 1 次印刷
ISBN 978 - 7 - 5218 - 6011 - 5　定价：99.00 元
（图书出现印装问题，本社负责调换。电话：010 - 88191545）
（版权所有　侵权必究　打击盗版　举报热线：010 - 88191661
QQ：2242791300　营销中心电话：010 - 88191537
电子邮箱：dbts@ esp. com. cn）

前　言

　　中国自 2015 年开始成为资本净输出国家，对外直接投资（OFDI）已成为融入全球价值链的重要途径。从国内经济发展特征与国际全球化新特点出发，研究对外直接投资质量与国内经济高质量发展互动机制与路径，对于深化"双循环"发展格局的认知具有重要的理论与实践价值。本书的研究逻辑为基于"对外直接投资—母国效应—高质量发展"的分析框架，通过分析机理与检验机制，探究促进对外直接投资质量与国内经济高质量发展的政策思路，提出促进高水平开放型经济建设的对策建议。母国效应是一种逆向的溢出效应，即因为对外直接投资而产生的作用于母国的多方面的影响和改变，可能是正向的，也可能是负向的。本书将对外直接投资质量评价标准设定为其对母国经济质量的影响效应，这种影响效应即"对外直接投资的'母国效应'"，选取逆向技术溢出效应、逆向绿色溢出效应、国内产业升级效应、国内就业影响、出口贸易影响等维度进行集中考察；运用规范与实证分析方法，刻画效应机制、挖掘影响规律，锚定国内经济高质量发展，提出政策建议。

　　通过本书的研究工作，希望达到以下研究目的：一是明晰中国对外直接投资对国内经济发展在技术创新、绿色发展、产业升级、就业改善与贸易优化等方面的影响机制与作用效果并提出相应对策建议；二是为中国式现代化发展研究提供"国内国际良性互动"视角的实践经验与理论规律总结；三是丰富"高质量发展"的研究视野与维度。

　　从理论文献中挖掘效应机理，从实践发展中总结规律机制，从问题发现中探究成因影响，从现实演化中提出对策建议，这是本书研究工作中所遵循的基本研究方法。基于此，本书形成了以下主要研究内容。

　　一是中国对外直接投资的"母国效应"研究范畴界定。本书从经典对外直接投资理论出发，挖掘对外直接投资逆向溢出效应机理，将主要研究范畴界定为对外直接投资的逆向技术溢出效应、对直接投资的国内产业结构升级效应、对外直接投资的逆向绿色溢出效应、对外直接投资的国内就业效应、对外直接投资的出口贸易影响等方面。

二是中国对外直接投资的"母国效应"机制梳理。本书归纳了对外直接投资获取逆向技术溢出效应的途径，其主要包括绿地投资"本土化"发展、跨国并购快速进入、海外研发中心直接合作、国际战略联盟联合行动；总结了资源寻求、市场寻求、效率寻求与战略资产寻求四类动机下，对外直接投资对国内产业升级的影响机理，发现其最终均表现在对国内市场/资源/产业的优化配置、市场价值实现的最大化、技术进步以及竞争力提升等方面，其影响效应可归结为产业升级的结构高级化与结构合理化；结合中国对外直接投资国情特点，从生产效率、生活水平、资源环境与财政政策四个维度，梳理挖掘了中国对外直接投资的逆向绿色溢出效应机制；基于对外直接投资动机与国际价值链分工差异，探讨了"对外直接投资—国际贸易/生产效率—劳动收入与就业数量/结构"的传导机制，发现中国出口贸易和国内相关产业生产效率提升对国内就业具有刺激或约束作用，主要表现在对就业规模、劳动收入规模与收入结构的影响。

三是中国对外直接投资的多维度发展特征总结。本书总结了全球资本输出的区域、产业、方式以及限制性政策特征，并对中国对外直接投资的区位、行业与主体结构特征进行了阐释；按照中国技术创新的引进学习、模仿改进、技术整合与自主创新划分阶段，对中国对外直接投资进行了阶段特征归纳；按照中国对外直接投资的区域活跃度，分类归纳了中国对外直接投资发展水平，刻画了中国省际绿色发展水平与对外直接投资发展趋势；进一步总结了中国对外直接投资主要行业的国内就业现状与特征，分析了中国在"一带一路"共建国家和地区的对外直接投资竞争力水平与出口贸易优势。

四是中国对外直接投资的"母国效应"检验。本书完成了中国对外直接投资逆向技术溢出效应的存在性检验与影响因素检验、中国对外直接投资影响国内产业升级的实证检验以及"产业空心化"检验、中国对外直接投资逆向绿色溢出效应的实证检验、中国对外直接投资对国内就业数量与就业质量影响的实证检验，以及中国对外直接投资、出口贸易与全球化关系的实证检验。

五是中国对外直接投资的政策分析。本书将中国对外直接投资政策演变划分为审慎严管、审慎放开、主动放松、主动作为与理性监管五个阶段并进行了政策基调分析，借鉴美国和日本对外直接投资政策的历史经验，提出了对中国的政策启示；分析了世界主要国家对外直接投资政策的当代特征与发展趋势，阐释了中国对外直接投资政策的新时代特征。

六是基于对外直接投资"母国效应"的国内经济高质量发展政策建议。从技术创新、绿色发展、产业升级、就业改善与国际贸易等维度，本书提出了有针对性与启发性的相关结论。

通过本书的研究，得到具有启发性的重要观点如下。

第一，中国对外直接投资存在显著的逆向技术溢出效应。华北、华东地区的逆向技术溢出效应最大，西北地区次之，西南地区最小，而东北和中南地区目前并不存在逆向技术溢出效应。对应的政策建议是：推动区域创新协调发展、加强知识产权保护、提高融资效率、促进教育公平发展。

第二，中国对外直接投资促进了产业结构高级化与合理化水平，与美国和日本在上一轮全球化中的"产业空心化"不同，中国对外直接投资不是国内可能存在"产业空心化"的原因。对应的政策建议是：加大研发投入、促进市场化改革、提高人均资本水平；将"保就业"与"促产业结构转型升级"统一考虑并寻求政策平衡点，推进区域均衡发展；加大创新技术的推广应用，促进科技市场要素流动，打破行业与区域垄断。

第三，中国对外直接投资存在可实证检验的逆向绿色溢出效应证据，中国绿色发展促进对外直接投资增长的作用更为明显。对应的政策建议是：中国对外直接投资的引导政策中应明确嵌入对于促进国内绿色发展技术与有效标准升级的制度安排，将政策着眼点落在鼓励逆向绿色溢出效应机制发挥作用方面，树立"中国绿色投资"的国家品牌形象；地方政府的绿色发展政策应各有侧重，突出政策制定的科学性与针对性，确保政策"时间一致性"。

第四，中国对外直接投资对国内就业数量呈现显著的弱正相关性且有滞后性，对国内就业质量呈现较强的正相关性且有滞后性，但在滞后二期内不相关或弱负相关。这说明对外直接投资在短期内促进了国内就业数量与人均工资收入增长，但长期不具有可持续性。中国对外直接投资可以通过拉动外需进而带动国内就业和工资收入增长，但这种影响需要对外直接投资在不断扩张中维持，可预见的是，通过外循环对国内就业和人均工资收入的正效应是有限的。这也恰恰说明了国内循环的重要性以及"双循环"格局的必要性。

第五，中国对"一带一路"共建国家和地区的服务出口贸易与对外直接投资之间的因果关系不明显，而且对外直接投资没有形成对商品出口贸易的影响。这实际上意味着中国对"一带一路"共建国家和地区的直接投资可能具有非经济性动机，这部分资金主要由非外向型企业主导。与此相反，商品出口贸易却影响了对外直接投资，这意味着中国对"一带一路"共建国家和地区的商品出口贸易具有经济性动机，这部分资金主要由外向型企业主导。综合来看，中国在"一带一路"共建国家和地区的服务出口贸易、商品出口贸易、对外直接投资之间整体关联性不强，由经济目标导向的系统性联系不完善。对应的政策建议是：宏观调控政策的制定应将国内产业结构调整、出口贸易与对外直接投资进行统一性考虑，国内产业政策突出资源优化配置、结构优化升级、绩效优化提升，贸易政策突出两个市场与两类资源的平衡与互补，对外直接投资政策应突出优势与资源的获取；努力形成中国与"一带一路"共建国家和地区的顺产业价值链梯度位置的产业优势互补态势，对外直接投资获取优势应服务于国内产业升级需要，应与出口贸易形成互补联动，建立满足国内需求、立足与东道国长期合作所需的政策引导性质的鼓励对外直接投资产业目录，发挥好政策性引导作用。

第六，目前，中国对外直接投资政策处于"分类施策"阶段，价值多元化、政策体系功能强调"综合优势"、突出"两个结合"思想等是未来中国对外直接投资政策的总体趋势特征。具体而言，中国对外直接投资政策应加强以国内法律为基础的统一性和协调性的政策体系设计，建立政府投资协议与商业保险相互配套的海外投资保证制度，完善旨在契合国内产业转型升级需要的税收、信贷等海外投资促进制度，通过政府对外援助为企业海外投资创造良好合作环境。

本书的选题与主要研究内容源自本人主持的国家社科基金一般项目"基于母国效应的对外直接投资质量与经济高质量发展研究"（20BJY192），感谢项目组成员为项目研究工作所作出的努力，也感谢在此期间我的学生罗文卓、魏琳、雍尚铃对项目研究作出的贡献。杨光副教授承担了本书写作任务的1/3

工作量，特此说明。

　　中国对外直接投资的"母国效应"是多维度的，目前的研究成果主要集中于逆向技术溢出、绿色发展、产业升级、就业改善、出口贸易等方面，在诸如国内投资替代等其他宏观影响、企业治理等微观影响、社会发展与文化建设等其他维度影响的研究仍是不足的。此外，受到统计资料数据的限制，2021 年以来的相关研究不足，而这段时期也正是中国对外直接投资发展面临不确定性因素较为集中的时期，该研究成果对此的聚焦研究不足。针对上述问题，我们认为，本项目研究选择的逆向技术溢出、绿色发展、产业升级、就业改善、出口贸易等研究视角是基于中国发展实践的"问题导向"思路下的研究切入点，随着中国经济发展实践的推进，新问题与新焦点的萌芽与演化将指引我们的研究进一步深入，在诸如微观企业治理、行业发展规划等方面将是今后需要深入研究的领域。我们将持续关注"百年未有之大变局""社会主义现代化强国建设新征程"中基于母国效应的对外直接投资与经济高质量发展研究这个开放型的时代研究命题，以期形成长期跟踪式研究系列成果。

刘文勇

2024 年 5 月

目录 contents

第一章　绪　论

第一节　研究背景与问题提出

近年来，世界各国政府对于全球化发展的态度正由 20 世纪 90 年代以来的单向认知转为双向认知。自从 2016 年以来的美国总统选举、英国脱欧、难民危机、主权债务危机、特朗普"退群"等一系列事件的发生与发展，既是对国际政治、经济、文化与生态等领域"游戏规则"的挑战，也是新的全球治理模式与规则的探索与重建，目前，正是所谓"百年未有之大变局"的重要战略转折期。简要回顾历史可以发现，第二次世界大战后欧美发达国家主导重建的国际秩序主要是"两大对立阵营"间的秩序。20 世纪 70 年代的科技革命与"滞胀"第一次较大规模地冲击了第二次世界大战后的国际秩序，在西方世界范围内英国、美国模式与德国、北欧模式开始产生明显差异[①]；20 世纪 90 年代的互联网技术推动全球化兴起，加之苏联解体后的"两大对立阵营"，世界格局改变，发达国家开启了全球跨区域投资的鼎盛时期，各国普遍认同全球化发展的必然性，这是一种单向认知。随着发展中国家广泛参与全球化以及"金砖五国"等新兴经济体崛起，其在国际贸易与国际投资中获得了"逆向溢出效应"或"竞争激励效应"。发展中国家与发达国家差距在缩小、分工在重新调整，与此同时，发达国家内部形成了一种"现代化

---

① 刘文勇：《发展型消费的制度嵌入研究——基于部分发达国家 20 世纪下半期经济改革的分析》，载于《求是学刊》2021 年第 2 期，第 65~79 页。

输家"现象①，部分发达国家由此产生"心理失衡"，从而引起"民粹主义"、逆全球化与反全球化。全球化发展在当前各国已不再是一致性的普遍共识，成为双向认知，如英国和美国等国以维护"国家安全"为由，在国际贸易与投资中推行"本国利益优先"策略，部分发达国家将国际地缘政治与国家治理问题交织在全球化发展事件中，引致国际贸易与国际投资争端频发。实际上，作为与全球化对立统一的逆全球化，是在全球化发展一定阶段后的现象。15世纪"地理大发现"将人类文明交往空间放大，推动了其后的民族史与国家史向人类史与世界史的发展。限于资源稀缺或资源瓶颈因素制约，全球化红利分配在不同国家间存在一定程度的"零和博弈"，"技能和资本密集型技术是20世纪70年代以来收入不平等加剧的'罪魁祸首'"②，这种关系长期存在，尤其是经济萧条与突发事件冲击下的关系矛盾更为突出。"当前，逆全球化思潮正在发酵，保护主义的负面效应日益显现，收入分配不平等、发展空间不平衡已成为全球经济治理面临的最突出问题"③。逆全球化作为一种表象，诸如保护主义重创自由贸易体制、民粹主义逆流而上、单边主义下的讹诈与极限施压等，其成因是复杂多样的。环境保护主义、无政府主义、民粹主义等各种思潮交融，应该说，各国反对的是全球化的负面效应，并非全球化本身。当前的逆全球化不是人类历史中的第一次，也不会是最后一次。此次的逆全球化是西方发达国家在输出价值观与现代化模式过程中，由倡导者、领导者逐渐沦为在经济上的"被替代者""落败者"后而开启的凭借综合实力逆势改变规则的修订活动。面对当前的逆全球化发展趋势，中国作为有责任、有担当的发展中大国，在构建"双循环"发展格局中，围绕

---

① 所谓"现代化输家"，是指在西方发达国家中由于经济、社会、文化与政治持续变迁，形成了那些不能适应现代化进程、社会地位变化以及生存相对状态下降并遭到社会排斥的群体，该群体对于现代化和全球化持有反对态度。从英美国家来看，20世纪80年代的英国"私有化改革"与美国"里根经济改革"后，社会保障与公共福利支出大幅减少，"现代化输家"群体规模持续上升，这对当前英美国家出现的逆全球化趋势是一种较为有力的解释；再如美国华尔街金融精英与五大湖地区"铁锈地带"产业工人之间的差距，全球化带给他们截然不同的影响，产业工人相对于金融精英而言，就是"现代化输家"。

② 丹尼·罗德里克：《贸易的真相——如何构建理性的世界经济》，中信出版社2018年版，第263页。

③ 习近平：《为建设更加美好的地球家园贡献智慧和力量——在中法全球治理论坛闭幕式上的讲话》，载于《中华人民共和国国务院公报》2019年第10期，第9~11页。

"一带一路"建设，正在积极推动构建"人类命运共同体"，继续坚持"引进来"，同步推进"高质量走出去"。

新一轮科技和产业革命孕育兴起，国际分工体系在加速演变，全球价值链正进行深度重塑，中国正由过去被动适应国际规则向主动引领和影响全球化发展方向转变。提升中国全球经济治理能力需要对内实现经济高质量发展，对外实现在全球价值链中嵌入地位的提升并强化与其互动和共生。中国自2015 年开始成为资本净输出国家，对外直接投资已成为中国融入全球价值链的重要途径，从新时代国内经济发展特征与国际全球化新特点出发，对外直接投资质量与国内经济高质量发展互动机制与路径的研究具有重要的理论与实践价值。

按照国际货币基金组织（IMF）《国际收支和国际投资头寸手册（第六版)》和经济合作与发展组织（OECD）相关文件的界定，对外直接投资是一个国家企业在另一个国家企业中以实施管理上的控制或重要影响为目的的，拥有超过 10% 及以上的普通股权或投票权的外海投资。基于此，本书探讨了包括绿地投资、跨境并购等形式在内的以拥有或控制企业经营管理权为核心的经济活动本身的绩效，以及反映为逆向技术溢出、产业与贸易结构调整、就业与投资的"替代或挤入"、政策变迁等正负"母国效应"；分析正的"母国效应"与国内经济高质量发展的内在统一性，基于"对外直接投资—母国效应—高质量发展"的分析框架，通过实证分析验证机理与机制，探究促进对外直接投资质量提升与国内经济高质量发展的制度政策设计，提出促进高水平开放型经济建设的对策建议。

第二节 学术价值与实践意义

本书研究的学术价值为：一是丰富发展中国家对外直接投资理论研究，尤其是建立在"人类命运共同体"理念下，"一带一路"共建国家相互投资的价值基础研究；二是探究对外直接投资质量与国内经济高质量发展互动机制，丰富经济高质量发展的理论内涵；三是呼应和丰富"建设更高水平开放型经济内涵与路径"的时代命题研究。

本书研究的实践意义为：一是为实现国内与国外两个市场、两种资源的有效互动，客观评价与科学调整对外直接投资政策提供研究借鉴；二是为新一轮扩大开放和经济高质量发展中相关政策制定提供参考依据；三是为丰富中国特色经济学学科发展提供支撑。

第三节　国内外文献述评

一、国外文献述评

国外学者海默（Hymer，1960）的垄断优势理论、弗农（Vernon，1966）的产品生命周期理论、邓宁（Dunning，1977）的 OLI 理论（Ownership advantages，International advantages 和 Location advantages 的首字母缩写，即"国际生产折衷理论"）等被认为是经典的对外直接投资理论，但这些理论都是建立在发达国家为典型事实的研究基础之上。针对新兴经济体和发展中国家，基于相对优势视角，威尔斯（Wells，1977）提出了小规模技术理论，拉奥（Lall，1983）提出了技术地方化理论，马修斯（Mathews，2006）提出了 LLL（Linkage，Leverage 和 Learning 的首字母缩写）理论框架，将对外直接投资看作一种为了克服自身劣势的资源寻求型战略手段，与 OLI 理论框架的主要区别是"资源寻求"而非"资源利用"。这些实际上也是一种资源基础观即所谓的企业竞争优势来源于对一系列可控的很难被模仿和取代的有价值的资源运用。作为发展中国家，与发达国家有所不同的是不在于保持绝对的竞争优势，而更多的是在于寻求通过合作实现竞争能力提升贝尼托（Benito，2015）。保罗和贝尼托（Paul & Benito，2018）认为，新兴市场国家的跨国企业将国际投资作为"跳板"，不但获取战略资源，还减少了其在国内受到的制度和市场约束。基于动机与效果的辩证统一关系，以上对外直接投资动机的理论研究，为对外直接投资母国效应（效果）研究奠定了基础。帕迪拉－佩雷斯和诺盖拉（Padilla-Perez & Nogueira，2016）将对外直接投资对母国技术创新、产业结构、就业等经济增长与经济发展方面的影响，称为"对外直接投资的母国效应"，即本书研究中设定的对外直接投资质量评价视角。

1. 逆向技术溢出效应

马修斯（2006）、加梅尔托夫特等（Gammeltoft et al.，2010）的研究显示，新兴经济体跨国公司对外直接投资有助于其获得技术进步。然而，比泽尔和戈尔格（Bitzer & Gorg，2009）对17个经合组织成员1973～2001年的数据分析显示，对外直接投资与母国的全要素生产率（TFP）增长是负相关的。对于此，阿列克辛斯卡和哈夫里奇克（Aleksynska & Havrylchyk，2013）认为，税收、自然资源、制度、文化等因素是母国吸收创新绩效的主要影响因素；派佩罗普洛斯等（Piperopoulos et al.，2018）进一步强调，可以借助学习模仿、人员培训、技术提升和产业链关联等效应助推母国国内技术进步，但是对外开放、人力资本、区域结构和金融发展水平的差异将导致母国吸收创新的能力有所不同。

2. 产业结构调整效应

赤松要（Kaname Akamatsu，1935）的"雁形模式"和弗农（1966）的研究结果均表明，发达国家对外直接投资促进了本国产业结构升级与优化。针对发展中国家，周端和琳达（Chyau Tuan & Linda，2004）认为，通过向发达国家对外直接投资，发展中国家可以学习技术和管理经验，促进传统产业结构升级和竞争力提升，但要警惕过度对外直接投资会导致母国的关联产业投资不足而引起"空心化"；艾尔萨丁（Al-Sading，2013）研究了1990～2010年期间121个发展中国家和转型经济体的经验，认为，母国金融市场不完善时，对外直接投资与国内投资呈现显著的负相关，抑制了国内产业转型发展；付思明（Siming Fu，2016）认为，从垂直产业链角度，海外生产不能完全代替对海外生产地区的出口，对外直接投资可以刺激国内投资而且与国际贸易有一定互补关系，有利于母国的产业升级；从横向产业链角度，对外直接投资可能是国内投资和国际贸易的补充或者替代，具有不确定性。

3. 逆向绿色溢出效应

因为东道国环境保护盛行，绿色产品受到当地社会的青睐，制度同构的压力会促使发展中国家的跨国公司进行环境实践和绿色创新（Di Minin，Zhang & Gammeltoft，2012）。海外子公司可以观察和模仿先进的做法，尤其是嵌入当地的隐性知识，然后在与当地利益相关者合作的过程中，将其整合到自己的运营中，这将使子公司能够通过提高能源效率来提高其绿色生产力

（派佩罗普洛斯等，2018）。接下来，与母公司处于同一行业的国内企业通过"边看边学"、模仿、逆向工程、劳动力流动等渠道，学习吸收并整合到自身经营中，促进国内相关企业的绿色生产力发展（Dasgupta，2012）。

4. 就业效应

赫尔普曼（Helpman，1984）、布雷纳德（Brainard，1997）等分别从水平分工和垂直分工角度研究了对外直接投资的就业促进效应与替代效应。引入熟练劳动力和非熟练劳动力需求差异因素后，辛普森（Simpson，2012）发现，对低收入国家的对外直接投资减少了本国的非熟练劳动力需求，增加了熟练劳动力需求；姜英浩和黄恩贞（Kang Youngho & Whang Unjung，2018）发现，对于国内具有高度黏性的劳动力市场中的熟练劳动力就业替代并不明显。从技术进步引起的"就业极化"角度考量，查尔斯和斯蒂芬斯（Charles & Stephens，2013）发现，美国中等技能劳动力就业率在下降，转移至低技能岗位工作的工人数量在增加。从对外直接投资的分类动机角度，洪恩淑、赫克和牧野茂（Eunsuk Hong, In Hyeock Lee & Shige Makino，2018）对基于企业层面的来自59个国家的18252例分析样本研究结果显示，出于寻求市场规模与范围、自然资源、战略资产动机而进行的对外直接投资提升了母国就业率；而出于寻求劳动力资源动机或由于国内需求下降而进行的对外直接投资往往会产生对国内就业的替代性影响。

5. 制度效应

库尔沃－卡祖拉和拉马穆提（Cuervo-Cazurra & Ramamurti，2015）认为，克服因母国体制空白（体制漏洞）而造成的竞争劣势或者减少母国形象对公司的负面影响（逃避歧视）是新兴市场国家跨国企业进行对外直接投资的主要动机。斯托安（Stoian，2013）在制度内生化的假设基础上构建了实证分析模型，运用29个新兴经济体国家数据的分析结果显示，对外直接投资有助于企业摆脱本国"制度烙印"，可以促进母国推进克服腐败和官僚主义的相关制度改革，在一定程度上可以"倒逼"/改善母国的政府营商环境并推进市场化、民主化与法制化进程；迈克等（Mike et al.，2017）认为，发展中国家通过推进知识产权制度改革，鼓励企业发展知识产权投资组合并将其整合到自己的商业模式中，将会促进对外直接投资企业在东道国受益，而且还进一步激励着"模仿者"企业转变为创新者。

此外，针对"一带一路"建设，迪尔（Deol，2017）发现，部分海外投资公司面临母国内部应计利润或融资限制，存在业务被挪用或价值损失的风险；林格马克等（Lyngemark et al.，2018）考察了绿地投资和并购的微观地理编码数据后发现，区域分布越临近的对外直接投资对经济增长的贡献率越大。

二、国内文献述评

国内学者陆书哲（2017）认为，对外直接投资的母国效应是指企业以获得海外企业经营权为目的的投资对母国主要宏观经济变量和经济增长所产生的影响；田泽和许东梅（2016）认为，现阶段中国整体对外直接投资效率并不高而且在不同地区投资效率存在较大差异；廖红伟和杨亮平（2018）运用对外直接投资、经济增长与产业结构升级的联立方程模型进行实证检验的结论表明，三者之间存在显著的互动关系；杨连星和张梅兰（2019）发现，中国对外直接投资对于国内民间投资具有一定的挤出效应，对政府主导的投资呈现出一定的加速效应，企业"走出去"对经济增长具有复杂性影响。

1. 逆向技术溢出效应

余官胜（2013）认为，中国对外直接投资偏好于发达经济体，其是中国获取海外先进技术和标准以及实现逆向溢出效应，提升创新效率的有效路径；吴哲等（2015）运用跨国面板数据及投资引力模型研究后发现，中国对"一带一路"共建发展中国家和地区进行对外直接投资产生的逆向技术溢出效应能够显著提升本国全要素生产率；梁锶等（2018）实证研究发现，2005～2016年的中国对中东国家对外直接投资的逆向技术溢出效应较弱。

2. 产业结构调整效应

陈俊聪和黄繁华（2014）研究了对外直接投资对贸易结构和产业结构的影响，发现，对外直接投资是贸易和产业结构转型升级的加速器；毛海欧和刘海云（2018）利用世界投入产出数据库（WIOD）数据实证研究发现，逆梯度分工的对外直接投资抑制了产业升级；顺梯度分工的对外直接投资虽然促进产业升级但综合了逆向技术溢出效应后的最终结果并不利于产业升级。

3. 逆向绿色溢出效应

胡琰欣等（2016）基于2004～2013年中国省际面板数据，实证检验发现，对外直接投资对绿色全要素生产率具有长期促进效应，且这种效应会随时间推移呈波动增大趋势；郑强和冉光和（2018）研究发现，双向外商直接投资的良性互动显著促进了中国绿色全要素生产率增长，但呈现区域非均衡特征。

4. 就业效应

罗丽英和黄娜（2008）、姜亚鹏和王飞（2012）研究发现，对外直接投资对母国就业产生了正向影响；张海波（2013）等少数学者发现，对外直接投资对中国国内就业产生了替代作用；李宏兵等（2017）利用行业层面数据研究发现，对外直接投资导致中国劳动力市场出现"两端高、中间低"的就业极化现象；阎虹戎等（2018）利用 2011～2016 年 614 家对外直接投资的中国制造业上市公司数据，采用倾向得分匹配法和双重差分方法研究表明，对外直接投资基本上都促进了母公司生产人员和非生产人员数量的增长，但只有战略资产寻求型企业对外投资导致了员工结构的改善。

5. 制度效应

宋跃刚等（2016）提出，母国制度环境、政府对市场的干预、民营经济的发展与对外直接投资呈正相关；陈培如等（2017）认为，政府在财政和金融上给予企业的支持会激励企业到国外新建投资分支机构，促进对外直接投资扩展边际，而国内知识产权保护制度的不完善、法制体系的不健全则会迫使研发资本外逃；阮敏和李衡（2018）运用 LP 模型对 2003～2015 年中国对外直接投资数据实证研究结果显示，科技、金融和法律政策对对外直接投资逆向技术溢出产生显著正向促进作用，但现阶段教育政策支持未能发挥积极作用。

此外，针对"一带一路"建设，毛振华和袁海霞（2017）分析了共建国家制度建设与中国对外直接投资的互动关系；戴利妍等（2018）实证研究了双边政治关系、制度质量与中国对外直接投资关系；谢建国等（2019）基于企业微观并购数据，实证研究了区域贸易协定对跨国并购的影响。

综上所述，对外直接投资的理论研究成果是丰富的，这里仅围绕"母国效应"进行了偏重于发展中国家和新兴市场经济国家的部分代表性内容的梳理。目前的研究特点和趋势为：首先，对外直接投资动机由获取相对比较优势向争取在全球价值链中高端地位攀升转变；其次，母国效应由逆向技术溢出研究为主向技术与非技术溢出并重研究转变；再次，围绕母国效应不确定性的经济发展阶段、企业异质性、吸收能力、政策性影响、逆全球化等研究增多；最后，针对特定行业与"一带一路"建设的研究成果增多。已有成果服务于本项目研究的不足之处是：第一，针对新兴大国经济体对外直接投资对母国影响的研究成果并不系统；第二，针对经济增长与结构调整、绿色发展与体制改革等方面的系统集成化研究不多；第三，围绕对外直接投资质量提升与母国经济质量提升的互动机制与路径研究成果不多。

第四节　研究内容与研究方法

母国效应是一种逆向的溢出效应，即因为对外直接投资而产生的作用于母国的多方面的影响和改变，可能是正向的，也可能是负向的。对外直接投资动机是对外直接投资"母国效应"的研究基础。本书研究的基本思维逻辑是将能够反映开放型经济发展程度的对外直接投资质量评价标准设定为其对母国经济质量的影响效应，这种影响效应即"对外直接投资的'母国效应'"；我们选取逆向技术溢出效应、逆向绿色技术溢出效应、国内产业升级效应、国内就业影响、出口贸易影响等维度进行集中考察，运用规范与实证分析方法，刻画效应机制、挖掘效应规律，锚定国内经济高质量发展，提出政策建议。具体研究内容与研究方法如图 1-1 所示。

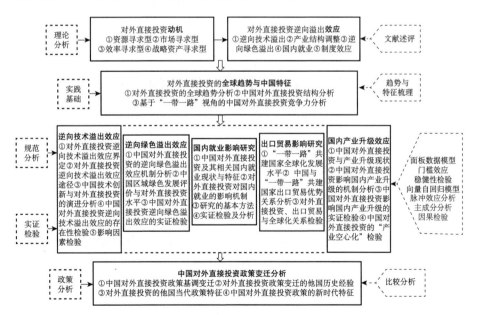

图 1-1　研究框架

第二章　对外直接投资研究的新进展

世界对外直接投资发展趋势与格局正在发生改变，新兴市场经济国家已成为不容忽视的力量，政治经济环境的不确定性正成为越来越重要的影响因素。这里，梳理分析了对外直接投资的动机新变化及其成因、区域与产业选择新特点、基于引力方程与制度因素的研究新视角，并就对外直接投资的逆向技术溢出效应及其对母国绿色发展的影响以及对国内投资的挤出与挤入效应展开了分析与比较。可以发现：母国技术溢出效应研究对于发展中国家具有重要价值，在中国经济发展立足国内大循环、国内国际双循环互促的背景下，对外直接投资应定位于国际产业价值链高端化发展的长期目标，提升质量并防范风险。

第一节　对外直接投资动机的新变化

对外直接投资是母国投资者在东道国取得企业经营管理有效控制权，进行资本、技术、管理等要素输出的经济行为。早期的对外直接投资母国以发达国家为主，相关理论的最初构筑也源于发达国家的对外直接投资实践经验总结，如海默（1960）提出的垄断优势理论、弗农（1966）的产品生命周期理论、邓宁（1977）的国际生产折衷理论等。而发展中国家企业由于在技术、品牌或人才方面都没有很强的优势，其对外直接投资经常被视为是一种"冒险的承诺"（Marano et al.，2017）。然而，自21世纪以来，发展中国家对外直接投资占全球比重快速增长，2008年为16%，2014年达到34%，2017年在全球外资增长乏力的情况下依然占比29%；反观来源于发达国家的对外直接投资，其占比与 10 年前相比下降 14.8%；长期来看，发展中国家对外直接投资快速发展（UNCTAD，2018）。以 2014 年为拐点，中国已开始成为资本净输出国家，2018 年的对外直接投资达到 1430.4 亿美元，全球排名仅次于日本①，这一现象实际上已经说明发展中国家的对外直接投资并非是"冒险的承诺"。2017 年以来，全球对外直接投资流量连续下滑主要是受到美国税制改革导致的海外资本回流、英国"脱欧"导致的外资流入减少等因素影响，而且近期内仍会有下降趋势。但是，世界经济全球化趋势不可逆转，新兴市场经济国家的对外开放将在长期内支撑全球对外直接投资的活跃度。近些年，关于对外直接投资动机、影响因素、区域与产业分布特点的研究成果不断丰富和拓展，尤其是探讨技术进步、绿色发展与国内投资关系等方面的母国效应研究逐渐增多。

经过邓宁（1981）完善后的 OLI 理论框架是分析对外直接投资动机时最广泛使用的理论，尽管 OLI 理论框架具有稳健与细化的特征，但是由于新的环境变化，仍需要进行理论修正（保罗和贝尼托，2018）。随着新兴市场经济国家在市场自由化、宏观经济制度改革和私有化等方面的转型发展，许多发达国家的跨国公司也相应进行转型，以应对东道国竞争对手的变化（Stuc-chi et al.，2015）。新兴市场经济国家的崛起与发达国家跨国公司的适应性改变是当前全球对外直接投资动机转变的主要背景。

一、发达国家跨国公司对外直接投资动机的新变化

传统理论认为，发达国家跨国公司对外直接投资的主要动机是垄断企业优势向海外的延伸、产品生命周期进入成熟期后为了降低成本而向海外转移、为了节约交易费用而对海外公司进行的内部化行为等，在上述过程中，跨国企业主要是以获取销售市场以及低成本的资源、劳动力等为动机。近些年，发达国家跨国公司进入新兴市场经济国家的动机正在由优势延伸与转移、扩大成熟产品市场占有率与降低成本，转向谋求全球优势与市场、获取创新源。库玛等（Kumar et al.，2019）总结了这种新变化：一是寻求本土化竞争优势。跨国公司的战略定位逐渐实现了从"外国投资者"向"战略内部人"的

---

① 参见《中国统计年鉴（2019）》。

转型，尤其关注在新兴市场经济国家形成本土化竞争优势并视其为取得全球成功的关键，而不仅是转移和复制母国公司的竞争力。二是注重东道国创新源挖掘。跨国公司的商业模式创新源越来越多地产生于新兴市场经济地区，通过采取逆向创新、增加本土化、能力更新和学习策略等方式，新兴市场经济国家的大型跨国公司子公司正成为跨国公司重要的知识贡献者。此外，法洛克、杨勇和高尔（Farok，Yong Yang & Gaur，2016）认为，发达国家跨国公司的经营目标开始关注以往曾被忽略的"经济金字塔"中下层客户，这是因为，"经济金字塔"底部的国家正在成为世界人口中最大和增长最快的部分，越来越多的跨国公司将新兴市场经济国家作为发展和建设新的动态能力的主体和场所。

二、新兴市场经济国家的对外直接投资动机

传统理论强调新兴市场经济国家对外直接投资的动机是"学习先进技术与管理经验"以及"规避贸易壁垒与税收负担"，近些年的研究成果显示，"寻求合作"与"实现跨越发展"变得越来越重要。

首先，寻求合作已成为新兴市场经济国家对外直接投资的首要动机。在对 OLI 理论框架修正的诸多研究成果中，马修斯（2006）提出了 LLL（Link-age-Leverage-Learning）理论框架，认为，新兴市场经济国家政府鼓励企业通过对外直接投资活动实现与发达国家建立战略联盟以获取资源①，然后，对资源进行整合并最终通过学习实现进步。在 LLL 理论框架下，发展中国家对外直接投资被看作一种为了克服自身劣势的资源寻求型战略手段，与 OLI 理论框架的主要区别是强调"资源寻求"而非"资源利用"。这实际上也是一种资源基础观，即所谓的企业竞争优势来源于对一系列企业可控的、很难被模仿和取代的有价值的资源的运用。贝尼托（2015）认为，发展中国家与发达国家有所不同的是，前者不在于保持绝对的竞争优势，更多的是在相对有选择的前提下寻求通过合作提升竞争能力。

---

① 这种资源一般被称为战略资产，其能够使公司相对于其他公司具有竞争优势，包括研发能力、专有技术、设计实施、品牌和声誉，以及分销和生产网络等。

其次，实现跨越式发展是新兴市场经济国家对外直接投资的主要动机。传统理论认为，规避"反倾销协定"是发展中国家对外直接投资的最主要动机。然而，最新的研究显示，发展中国家跨国公司正将进入全球价值链以获取优势资源与降低成本作为最主要的对外直接投资动机，尤其是那些通过加速工业化和创新性技术应用已经实现了经济日益发达的新兴市场经济国家的跨国企业对此更加重视。保罗和贝尼托（2018）认为，新兴市场经济国家企业正将全球竞争视为机遇，并采取应对战略，将后发地位转化为竞争优势的来源，而且还将国际扩张作为"跳板"来获取战略资源，并减少其在国内受到的制度和市场约束。

三、对外直接投资动机新变化的原因

上述对外直接投资动机的变化主要是源于发展中国家的崛起所导致的与发达国家之间的竞合关系改变，这种竞合关系改变表现为：一是发达国家的跨国企业在发展中国家直接投资面对的市场环境改变；二是发展中国家跨国企业与发达国家跨国企业之间差距的缩小。

发达国家跨国企业对外直接投资动机转变是源于新兴市场经济国家的放松管制、市场化、城市化、工业化、国际化等转变所产生的新机遇，也是跨国公司面对东道国本土公司国际化发展所带来的冲突和竞争，而不得不作出的一种选择。发达国家跨国公司与新兴市场经济国家企业由以往的合作大于竞争关系逐渐转向竞争大于合作关系。目前已有文献建立在两者竞争关系基础上，开展针对上述对外直接投资动机转变过程的研究，如穆特鲁等（Mutlu et al.，2015）借鉴竞争动力学中的"意识—动机—能力"框架，分析了跨国企业动态能力的演变以及在新兴市场经济国家内外相互关联的动态竞争。张世金和朴晟贺（Sea-Jin Chang & Seung Ho Park，2012）引入技术复杂性和市场异质性构建了动态竞争机制框架，以此说明，两者的竞争与相互学习促进了跨国公司的本土化以及东道国本土公司的国际化发展。纳文、科塔里和库玛（Naveen，Kothari & Kumar，2016）从跨国企业的优势、劣势与本土企业的优势、劣势四个维度构建动态竞争与共同进化过程模型，阐释了优势重组与劣势改进机制。

实际上，发展中国家经济发展阶段的变化是对上述动机转变的最好解释。经济增长是对外直接投资存量水平变化的直接原因，随着发展中国家的经济增长与国际化发展，其跨国公司与发达国家跨国公司之间可以观察到的差异将会缩小，这是一个渐进的过程（Herzer，2011；Narula，2012）。在这个过程中，互补、合作、替代、竞争的关系也将交替发生。基于邓宁（1981）提出的投资发展周期（IDP）五阶段论范式，杜兰和乌贝达（Duran & Ubeda，2005）认为，发达国家目前主要集中在第四或第五阶段，而发展中国家则集中在第一阶段至第三阶段即人均 GNP 低于 4750 美元的阶段，此阶段内发展中国家对外直接投资呈现"U"型变化，从对外直接投资为负值且很小，到负值不断变大，再到负值逐渐变小，然后转负为正进入第四阶段和第五阶段（见图 2 - 1）。

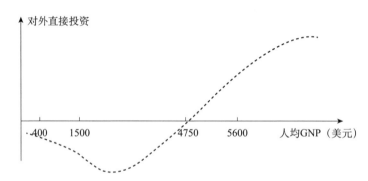

图 2 - 1　对外直接投资发展周期（IDP）五阶段论图示（以 1971 年美元计算）

注：根据邓宁（1981）提出的投资发展周期（IDP）五阶段论，由笔者整理绘制而成。纵轴对外直接投资代表的是对外直接投资与吸引外商直接投资的差额即净流出量。

这意味着，随着发展中国家人均国民收入增长，其对外直接投资的上升必然会使其和发达国家之间形成竞争的格局。陈和基夫里（Chen & Zulkifli，2012）、西塞尔斯卡和科图尼亚克（Ciesielska & Koltuniak，2017）针对东亚和东欧部分国家的实证研究已经证明，经济增长与对外直接投资存在或长期或短期的双向格兰杰因果关系，伴随着对外直接投资与经济增长的同步上升，发展中国家必然会与发达国家在第四阶段或第五阶段相遇并有可能成为竞争对手。

第二节　对外直接投资区域与产业选择的新特点

传统的"中心—外围"理论框定了发达国家对发展中国家对外直接投资的界限。从 20 世纪 80 年代开始，由发达国家之间的双边投资协定形成的投资网络集群基本趋于稳定水平，然后从 21 世纪初开始在网络中出现饱和的迹象。近年来，北美自由贸易区、东盟、加拿大甚至欧盟等大型区域性贸易区出现相互竞争，甚至出现已经约定的投资条约被取消的现象。在世界多边投资与区域投资协定重构中，发展中国家对外直接投资获得了发展机遇（Boliva et al.，2019）。目前，发展中国家对外直接投资的主要方式仍然是收购，而不是绿地投资，这是因为，收购相对于绿地投资而言，更能够快速进入和立即获得当地资源，而且收购还获得了知识技术和企业控制权（Cuervo-Cazurra & Ramamurti，2015）。因此，以发展中国家为主的跨国收购形成了目前全球对外直接投资区域与产业选择的主要新特点。

一、对外直接投资的区域选择新特点

发展中国家"寻求合作"与"实现跨越发展"的对外直接投资动机新变化影响了对外直接投资的区域选择。这表现为：第一，发展中国家跨国企业更倾向于选择具有文化趋同性、资源匹配度高、国际贸易频率高的地区进行对外直接投资。例如，巴克莱等（Barclay et al.，2019）研究发现，东亚地区发展中国家的跨国企业都习惯于在文化熟悉的地区进行跨国收购，母国和东道国的环境以及企业资源与竞争力的匹配程度影响着对外直接投资的收购地区选择；梅特林等（Metulini et al.，2017）发现，大部分发展中国家的跨国企业更倾向于选择那些与其经济规模相当且发生贸易概率较高的国家进行直接投资。第二，发展中国家的跨国企业更倾向于选择那些能够进行知识整合且具有明显技术梯度的地区进行对外直接投资。如巴克莱等（2019）发现，发展中国家的技术研发（RD）上限能力即识别和整合新知识的能力，决定了对发达国家的跨国收购可能性，随着 RD 密集程度的提高，针对发达国家的跨国收购越来越多。

二、对外直接投资产业选择的新特点

发达国家对外直接投资实现了将劳动密集型产业向外转移，促进本国产业向资本与技术密集型的调整，使国内的产业结构趋向升级与优化，由此形成了世界范围内的由发达国家至发展中国家的产业梯度分工格局。然而，随着发展中国家对外直接投资的发展，世界产业分工格局业已开始发生改变。在全球产业间分工向全球产品内分工发展的背景下，对外直接投资的产业战略布局立意更加高远。阿蒙多拉金等（Amendolagine et al.，2019）对发达国家的跨国公司对外直接投资的产业新特点进行了总结：第一，成熟产业深度本地化。在传统制造业，发达国家跨国公司与东道国的产业关联度不断提升，那些寻求效率和市场的对外直接投资往往会在东道国形成当地采购的机会，带动当地产业配套发展。第二，新兴产业出现本土化合作趋势。在高端制造、生物医药等部分新兴产业，随着东道国创新吸收能力的提升，跨国公司海外子公司有向产品内分工演化的趋势。此外，圣安杰洛（Santangelo，2018）根据吸收能力的论点，发现，在自然资源领域内发达国家投资者依然很难与当地企业建立联系，他们在这些地方进行投资时，很少在当地采购生产设施，而且他们也倾向于使用不太先进的技术以此来限制当地企业的学习机会。

从发展中国家来看，对外直接投资产业特点更多表现为对原有国际生产分工格局的改变性影响：第一，部分产业已经形成竞争性力量。发展中国家过去 20 年的跨国收购呈现出了明显的全球性特征，巴西、智利、中国、印度和墨西哥等国家的跨国公司越来越多地与发达国家跨国公司形成竞争，如巴西航空工业公司基本上是与加拿大的庞巴迪公司在全球范围内形成了双头垄断[①]（巴克莱等，2019）。发展中国家通过由低技术梯度向高技术梯度国家的对外直接投资获得了学习效应和产业集聚效应，促进了传统产业结构升级和竞争力提升，生产力水平的普遍进步还明显提升了产业集聚水平，这种产业集聚正在悄然形成新的产业"点"与"带"，并开始影响世界产业分工的布局。尤其是，新兴市场经济国家的跨国公司遵循非常规的国际化进程，尝试

---

① 巴西航空工业公司现为全球最大的 120 座级以下商用喷气飞机制造商，占世界支线飞机市场约 45% 市场份额，该公司与波音、空中客车、加拿大的庞巴迪公司并列为世界四大民用飞机制造商。

超越模仿创新，并拥有一些独特的基于国内市场的优势，因此他们成功地挑战了发达市场经济国家的跨国公司（库玛等，2019）。第二，在传统产业中，以进口替代为目的的对外直接投资增多。那些出于战略资产寻求动机、以克服母国薄弱知识与基础设施带来的制约因素的发展中国家对外直接投资与其经济发展阶段密切相关，如印度制药公司面对产品专利制度的制约，其产品国际竞争力下降，于是制药行业公司海外收购开始大规模增长，目的就在于从发达国家公司获得战略性的"产品开发"能力；再如印度汽车行业为了突破关键技术领域制约，开展的寻求战略资产为目的的海外收购交易已占所有海外收购交易比例达到10%，国内产业发展"所需"即为海外投资"所指"（Nayyar & Mukher jee，2020）。第三，在新兴产业内，以学习为目的的对外直接投资增多。与发达国家不同，发展中国家并不总是优先将市场饱和度高的行业向外转移，也将部分新兴产业向海外进行转移，其目的在于获得国际化链接与学习效应，如来自中国、东南亚、印度和拉丁美洲的新公司克服了种种困难开展国际化，实现了对部分行业创新和增长的引领（Boliva et al.，2019）。据观察，2000～2016年，参与跨境收购的大多数印度信息技术公司已经开始了国际化之旅，先是出口到欧美市场，随后设立了全资子公司或分支机构以支持出口销售并提供更好的服务，然后成为全球产业链领先团队中的一员，发展中国家的对外直接投资产业选择在一定程度上具有了"跳跃性"和"超前性"（Nayyar & Mukher jee，2020）。

第三节　对外直接投资影响因素分析的新视角

以往的对外直接投资影响因素分析主要是从垄断优势理论、国际生产折衷理论、产品生命周期理论等引发而来，具有比较优势或寻求比较优势是最主要的影响因素。新近的研究更多将经济因素与非经济因素进行综合考量，尤以运用引力方程的分析和制度变迁与制度创新分析为代表。

一、基于引力方程的影响因素分析

"引力方程"的基本思想来源于牛顿万有引力定律。近些年，在运用引力方程分析对外直接投资的模型中，主要考虑的是引力变量的设计问题，国家禀赋、距离、关系和商业环境等经常被使用，具有很强的解释力（Blonigen & Piger，2014）。在研究文献中，具有最高解释力的国别特征是东道国和母国国内生产总值、母国人均国内生产总值、东道国贸易开放度、东道国技能水平、东道国法律机构，这些是迄今为止的实证研究结论与观察到的实际情形较为相一致的变量使用选择（Boliva et al.，2019）。此外，首都城市之间的距离、历史上的殖民关系、共同的法律体系渊源、使用共同语系语言的基础、国内生产总值与人口规模、双边投资协定等因素也被作为重要因素进行考量（Abeliansky & I. Martínez-Zarzoso，2019；Caporale et al.，2015）。

在基于引力方程分析视角下，区位因素的影响分析更为突出。如林格马克等（2018）考察了绿地投资和并购的微观地理编码数据后发现，区域分布越临近的发展中国家的对外直接投资对经济增长的贡献率越大。实际上，当母国的跨国公司在东道国建立起生产体系后，母国与东道国的空间距离缩短降低了运输成本，文化相近与相融降低了管理成本，更容易形成区域的集聚效应。

由于相似的经济社会发展阶段和国际政治地位与诉求，"南南合作"背后的复杂影响因素也丰富了基于引力方程的研究。付思明（2016）将发展中国家之间的直接投资称为"南南对外直接投资"，这种投资是发展中国家开展国际政治交流合作的一种有效手段，而且也有助于获取本国生产者迫切需要的关键原材料与可消化吸收的技术。西迪基（Siddiqui，2016）认为，"南南对外直接投资"的激增促使低收入国家努力加大吸引外国投资者，来自发展中国家的对外直接投资不但为东道国提供了新财富，造福了低收入人群，而且进一步加强了发展中国家间的团结、信任与互助。

二、制度变迁与制度创新因素分析

有研究表明，对外直接投资受到经济自由度、政治透明度等制度性因素的显著影响（Salehizadeh，2007；斯托安，2013），且主要集中在知识产权制度、税收制度与营商环境等方面。

1. 知识产权制度强度与对外直接投资存在"U"型关系

一般认为，对外直接投资与东道国的知识产权制度强度之间存在正向关系，这种认识是基于具有知识产权优势的对外直接投资主体出于保护创新收益的需要和目的。然而，帕帕格鲁吉亚等（Papageorgiadis et al.，2018）研究发现，对外直接投资主体与东道国知识产权制度强度之间存在两种情形：一种情形是东道国知识产权保护制度越强，越能吸引对外直接投资增长，因为这可以降低拥有知识产权较多的跨国企业维权成本；另一种情形是知识产权保护强度弱的东道国也可以吸引那些拥有较少知识产权或依赖技术模仿的跨国企业，这是因为，这些跨国企业在东道国很少遭受到知识产权维权诉讼，这将为企业节约为应诉侵权行为而付出的费用。进一步，洪等（Hong et al.，2019）将这种关系总结为，在发展中国家知识产权制度保护强度逐渐提升的过程中，吸引的对外直接投资数量会经历"U"型变化。也就是说，作为东道国的发展中国家在知识产权保护制度建设较为落后的时候，可以吸引那些处于技术跟随者或模仿型地位的跨国公司直接投资；但在知识产权保护制度强度提升时，这些跨国企业的直接投资会减少，但还不足以大范围吸引到那些具有自主知识产权的跨国公司直接投资，此时会出现东道国的对外直接投资流入额度下降；随着东道国知识产权保护制度强度的进一步提升，具有自主知识产权的跨国公司直接投资会与知识产权保护制度强度呈现同向增长趋势。

前文所述"U"型关系主要存在于对外直接投资流入对象为发展中国家的情形中，这些发展中国家提升知识产权制度保护强度不仅有利于国内企业的创新发展，而且还可以鼓励和培育"走出去"的企业发展知识产权投资组合并将其整合到自己的商业模式中，促进本国的对外直接投资企业在东道国受益，并进一步激励着本国的"模仿者"企业转变为创新者。

2. "避税天堂"与国际税收征管

按照经济合作与发展组织（OECD）关于"特殊目的实体"的定义，有一些由跨国公司或富有的个人出于特殊目的创建的投资工具如融资子公司、投资公司、控股公司、空壳公司等，它们都是在其母公司设立的管辖区内几乎没有就业、经营或实体存在的，通常被用作筹集资本或持有资产和负债的工具，并不承担实质性生产任务。在现实中，这些投资超过10%门槛的"特殊目的实体"的资本经常被错误地归类为对外直接投资,通过空壳公司等形式,成为跨国公司和富人进行避税、逃税和洗钱的途径(Zucman,2015)。例如,来自巴拿马的 Mossack Fonseca 律师事务所专门帮助客户成立空壳公司,其在 2016 年泄露的文件也被称为"巴拿马文件",揭露了全球政治和金融精英如何利用"避税天堂"避税、隐藏非法收益。据估计,世界上至少有8%的金融财富储存在这些司法管辖区,在过去的几年内增速达到了惊人的25%,如果将国际税收制度考虑进来,跨国公司对外直接投资的战略动机值得怀疑(Zucman,2015)。付思明(2016)根据联合国贸易和发展会议的181 个发展中国家的双边对外直接投资数据分析后发现,母国流向避税天堂的资本在实质上造成了国内生产活动减少和税收收入减少。各国和国际组织之间的协调努力是遏制避税天堂对全球经济可持续发展造成负面影响的主要途径,各国需要加强信息沟通,不断完善税收制度,提升税收征管能力(阿列克辛斯卡和哈夫里奇克,2013;Andreff,2016)。

3. 营商环境的"制度烙印"

对外直接投资企业具有"趋利"和"避害"的投资营商环境选择倾向,从"趋利"的角度,跨国公司更愿意选择市场规范、投资环境与政策优良的国家;从"避害"角度来看,为克服因母国"体制空白"而造成的竞争劣势或者为减少母国形象对公司的负面影响(逃避歧视),驱使部分跨国公司选择进行对外直接投资(库尔沃-卡祖拉和拉马穆提,2015)。"体制空白"主要是指体制缺少效率或效率低下,一般与资本市场、基础设施、中介市场、监管制度、合同执行机制和其他机构不发达有关;其中,监管制度空白是一种特殊类型的机构空白,其特点是监管制度不稳定、不充分或者根本没有,而且监管规则和条例的执行或监测也是不力的,如关于反垄断、国家援助立法、反贿赂与腐败、司法独立以及财产权立法等方面的缺失(加梅尔托夫特等,2010)。那些历史上具有"趋利"或者"避害"制度特征的国家在"先天上"影响着对外直接投资主体在选择时的判断,人们习惯性地认为那些受到政府保护的东道国企业总是低效率的,很难在当地进行有效率的本土化配套产业项目投资(斯托安,2013)。库尔沃-卡祖拉和拉马穆提(2015)认为,影响对外直接投资营商环境的制度因素主要包括:第一,因为母国缺少产品安全立法,被设定为其产品质量较低或技术较低;第二,因为母国缺少规范性生产条例，被设定为产品生产过程不合格；第三，因为宏观经济波动和企业内部治理缺失，被认定为资本性投入成本偏高。斯托安和亚历克斯（Stoian & Alex，2016）对欧洲、拉丁美洲、亚洲、非洲和中东的 29 个新兴市场经济国家数据的分析显示，部分经济体为了规避所谓的这种"制度烙印"所进行的克服腐败和官僚主义的相关制度改革正在促进这些国家营商环境的改善。

第四节 对外直接投资与母国技术溢出

以往文献中关于吸收对外直接投资促进技术创新的研究成果颇多，相比之下，很少有考虑对外直接投资促进本国技术创新的效应研究。但是，在经济全球化视野下，知识和技术在国内自主创新的基础上形成了国际溢出新渠道，一些研究选题开始备受关注，如跨国公司的大量对外直接投资都用于收购海外战略资产，但这些收购是否会给国内带来创新效益？是否获取了来自于东道国的技术溢出？是否有效驱动了国内全要素生产率增长？

一、母国的技术溢出效应

目前，已有部分研究证据显示，发达国家跨国公司在东道国的海外子公司创新成果在全球推广，提升了跨国公司的全球竞争力（库玛等，2019）；新兴市场经济国家跨国公司对外直接投资有助于其积极寻求国外的先进技术（加梅尔托夫特等，2010）。在最新研究成果中，针对新兴市场经济国家，罗和董（Luo & Tung，2018）提出了"上升螺旋"的概念，上升螺旋过程通常经历如下阶段：首先是内部国有化，其次是"激进"的对外直接投资，再次是能力转移到国内，然后是以国内为中心的能力提升，最后以更强的能力进行全球"弹射"，因此，建议新兴市场经济国家通过深思熟虑的自我完善、积极强化的多阶段过程来谋求发展，以巩固和加强它们在随后的全球竞争中所需的基本创新能力。在目前的研究文献中，也存在不同研究结论，如赫泽（Herzer，2012）从全要素生产率角度对 44 个国家对外直接投资的实证研究结论表明，其不能够促进母国的全球价值链地位提升；陈等（Chen et al.，

2014）发现，部分发展中国家国内市场竞争程度与对外直接投资的创新绩效存在负向关系，因为缺乏足够健全的知识产权保护法律体系，在国外取得知识产权的跨国企业因为担心知识产权流失而不愿意将收购的产品和技术转移回国内。而且，对外直接投资企业与东道国供应商、客户和其他利益相关者的合作程度也影响到海外技术创新能力向国内的转移（Li & Wu，2017；派佩罗普洛斯等，2018）。实际上，该类问题的研究需要考虑结合不同国家特殊情况加以区别研究，国内市场成熟度、技术吸收能力、制度环境都将影响到对外直接投资的母国技术溢出效应。

二、母国获得技术溢出的途径

简等（Jian et al.，2016）总结了发展中国家对外直接投资对母国创新绩效提升的影响途径：一是母国企业通过逆向工程来模仿东道国企业的产品和技术；二是吸引东道国熟练工人带着知识迁移到母国就业；三是东道国市场对母国市场产生示范效应，促进母国加速研发创新；四是从东道国同业竞争者、垂直上下游价值链企业获得知识溢出。从对外直接投资的逆向技术溢出效应作用层面来看，在企业层面，主要是通过海外子公司对母国母公司的研发资源共享和技术外溢途径实现，如中国伊利乳品在荷兰瓦赫宁根大学建立研发中心、长安汽车在英国和意大利建立研发中心、华为设立的欧洲研发中心等；在产业层面，主要是通过跨国公司的同业竞争、示范影响与产业链的前后关联带动效应来实现，如伯特兰和卡普隆（Bertrand & Capron，2015）认为，对外直接投资有助于行业提高专业化协作程度，获取规模经济效益以及在研发、销售和管理领域因为优化协作而形成的技术效率进步；在国家层面，主要是通过将产业层面逆向技术溢出效应扩散至其他产业，形成"点、线、面"的扩散效果，如派佩罗普洛斯等（2018）认为，国际化发展为新兴市场经济国家提供了多样化和广泛的组织学习机会和资源，总体上提高了新兴市场经济国家的知识库水平和研发能力。此外，国内吸收能力也是影响对外直接投资的逆向技术溢出效应的重要因素。李等（Li et al.，2016）的实证研究显示，国内研发投入是逆向技术溢出的重要条件，吸收能力对于国家创新绩效具有重要影响；黄等（Huang et al.，2017）考察了技术与非技术两类异质性因素的影响，以产品创新和过程创新作为不同企业的技术和知识吸收能力的差异性区别，运用倾向得分匹配（PSM）技术和双重差分（DID）模型，研究发现，与产品创新相关的吸收能力对企业自主创新的效果，比与过程创新相关的吸收能力更为重要，在发达国家获得先进技术和投资的对外直接投资战略显著增强了逆向技术溢出效应。

三、技术溢出与绿色发展

技术溢出与绿色发展的关系研究主要分为两类：一类是从东道国角度考虑的"污染避难所"与"污染光环"假说；另一类是从母国角度考虑的逆向绿色溢出效应。

1. "污染避难所"与"污染光环"假说

对外直接投资对东道国的绿色发展影响研究有两种截然不同的结论。一种是所谓的"污染避难所"假设，即为了逃避本国的严格环境规制而将污染产业转移至东道国所带来的环境恶化，如瓦格纳和蒂明斯（Wagner & Timmins，2009）以德国化学工业对外直接投资为例的实证研究，以及布和瓦格纳（Bu & Wanger，2016）对弱环境规制的东道国吸收对外直接投资的行业数据研究结论支持了"污染避难所"的存在。另一种是所谓的"污染光环"假说，即对外直接投资通过技术溢出效应、竞争效应等影响东道国企业在技术水平、人力资源、生产标准方面改进生产效率、节约成本、优化环境质量，实现绿色发展，这方面也有大量支持性的研究结论（Zhou et al.，2019）。实际上，部分发达国家对海外投资企业的社会责任有着明确的要求，如丹麦政府要求大型私营公司和所有国有公司都必须报告海外投资企业履行社会责任方面的工作，并说明他们是如何解决环境等问题的；法国政府要求海外运营的跨国公司必须遵守粮农组织的《全球治理指南》；德国政府要求海外企业必须遵守政府在尊重土地和食物权以及投资的社会和环境影响等方面制定的高标准具体原则（圣安杰洛，2018）；加拿大、日本、英国和美国等国也制定了标准和指导方针，希望投资国外农业的国内公司遵守这些标准和指导方针，以便获得海外保险投资、公众参与外国投资项目和差别税收的支持（Fiedler & Karlsson，2016）。但是，在涉及企业主体私人成本与社会成本问题时，当东道国缺少严格的环境规制时，道德风险与机会主义还是会大行其道。

2. 逆向绿色溢出效应

发展中国家通过对外直接投资产生的对母国绿色经济发展的影响是新近研究的焦点。阿尔贝托等（Alberto et al.，2012）研究发现，如果东道国环境保护盛行，绿色产品受到当地社会的青睐，那么制度同构的压力会促使发展中国家的跨国母公司进行环境保护实践和绿色创新发展；李和王（Li & Wang，2016）、程和杨（Cheng & Yang，2017）认为，对于发展中国家的对外直接投资来讲，海外投资企业在吸收和整合有形或无形资产进入母国企业后，将在能源、管理和生产方面获得巨大的效率提升，并变得更具创新性。基于以上认识，周等（Zhou et al.，2019）将"在能源、管理和生产方面获得巨大的效率提升"称为逆向的绿色溢出效应。该类问题大多是建立在开放经济与全球化、经济可持续发展与环境规制下的伴生问题研究。

关于逆向绿色溢出效应发生的条件研究。李和王（2016）认为，逆向绿色溢出效应受到国内经济异质性影响，环境规制、研发存量和吸收能力对于企业利用逆向转移技术实现绿色溢出效应，具有同等的重要影响。周等（2019）从一国区域间研发吸收能力和环境规制力度的异质性角度，考察了对外直接投资与国内绿色经济之间的联系及其产生的阈值效应，研究表明：除非对外直接投资带回来的逆向绿色溢出效应在母国有足够的吸收能力可以最大限度地利用绿色技术，或者母国国内环境法规足够严格，否则对外直接投资几乎不会对母国的绿色经济产生什么影响。朱和叶（Zhu & Ye，2018）进行了拓展研究，发现母国对发展水平高于自身的发达国家的直接投资可以产生逆向绿色溢出效应，环境监管对绿色技术溢出效应的发展具有积极作用，而财政分权和过度追求经济增长阻碍了绿色技术溢出效应的发挥。上述不同因素在母国形成的绿色技术溢出效应具有明显的区域差异，也就是说，为了追求经济增长和地方区域发展，地方政府可能无暇顾及对逆向绿色技术溢出效应的吸收。

3. 逆向绿色溢出的传导机制

在对外直接投资对国内经济绿色溢出的传导机制研究中，第一种观点认为，文化的相近性有助于逆向绿色溢出效应的传导。安德森和萨瑟兰（An-derson & Sutherland，2015）发现，空间物理距离越相近、文化相融性越强，知识与技术的转移效率会越高，这将帮助子公司吸收有针对性的技术或管理实践经验并进而传递到母公司，促进绿色经济发展。第二种观点认为，较强的学习消化吸收能力有助于逆向绿色溢出效应的传导。派佩罗普洛斯等（2018）发现，海外子公司首先通过观察和模仿先进的做法，获取嵌入当地的隐性知识，然后在与当地利益相关者合作的过程中，将其整合到自己的运营中，这将使子公司提高能源使用效率与绿色生产力水平。第三种观点认为，维护企业形象的行为有助于逆向绿色溢出效应的传导。斯托安（2013）、布伦纳和安波斯（Brenner & Ambos，2013）、王和吴（Wang & Wu，2016）发现，跨国公司进行海外活动时，一般都是通过符合来自东道国的行业、政府和社会期望的众多制度要求（如规则、规范、规章或标准）而获得合法性，当环境保护成为国际公司的普遍准则，此时代表企业海外形象和声誉的子公司将努力遵循国际准则，上溯到母国公司，其也必须采取类似的做法以维持公司的国际声誉。

总体而言，对外直接投资形成的子公司在嵌入东道国市场的过程中，会产生直接或间接的绿色溢出效应，这些绿色溢出效应通过与母国企业进行内部互动如集团公司内部劳动力流动与经验分享等，实现了子公司和母公司之间的绿色生产、节约能源与环境保护等方面的技术、管理经验与做法的转移。例如，母公司的海外投资为下游行业的国内客户提供了更高效的中间投入产品或设备，从而形成更加绿色的下游产业（Newman et al.，2015）；与母公司处于同一行业的国内企业通过"边看边学"、模仿、逆向工程、劳动力流动等渠道，将这些绿色溢出效应吸收并整合到自身经营中（Dasgupta，2012）；母公司在进行海外投资活动时，需要更有效和更环保的中间投入以适应国际标准，他们愿意通过管理和技术培训来支持国内供应商，鼓励绿色溢出效应在国内供应领域的传播（Liang，2017）。

第五节 对外直接投资与国内投资的关系

传统理论认为，国内产业投资与发展会随着对外直接投资扩大而向国外转移，出现以制造业为代表的"产业空心化"现象，如历史上的美国与日本曾经出现的制造业衰落现象。这是由于围绕制造业的资本与配套产业大量向外转移,导致国内相关产业投资衰减,产业能力下降,工业产品出口减少。在这个过程中,进口贸易增加,国内相关产业需求依赖外部市场,国家整体贸易结构、财政收支结构与就业结构发生改变。虽然全球化影响了制造业为代表的产业投资按照市场利润最大化原则的流向,但各国的产业投资政策调整可以影响和改变这种趋势,如德国的成功经验。最近研究成果集中关注于对外直接投资与国内投资、对外直接投资与国内产业结构调整两个大的方面,基本研究结论显示,尽管有不确定性,但是"产业空心化"现象已经发生变化。

一、对国内投资的挤入与挤出效应

虽然有许多理论解释了对外直接投资与国内投资之间关系差异(挤出效应或是挤入效应),但结果仍然是不确定的(You & Solomon,2015)。一般来讲,企业将生产的一部分环节转移到国外,在国内金融资源稀缺的情况下,将会引起对国内投资的减少。例如,阿尔萨迪格(Al-Sadig,2013)研究了,1990~2010年121个发展中国家和转型经济体的经验,在母国金融市场不完善和企业的海外业务融资渠道仅局限于国内贷款或国内股权融资方式的假设下,对外直接投资与国内投资呈现显著的负相关。但是,阿梅尔和阿洛塔什(Ameer & Alotaish,2017)研究发现,如果对外直接投资形成的生产能力与国内投资形成的生产能力之间是互补的关系,则对外直接投资会对国内投资产生促进作用,如通过对外直接投资实现以较低价格获得进口原材料,生产出的中间产品出口至东道国,形成国内外产业链条共同发展的结果必然是国外直接投资带动国内投资增长。

最新的研究试图从两个角度加以拓展:首先,关于对外直接投资动机对国内投资的差异性影响。贡丁等(Gondim et al.,2018)认为,寻求资源的跨国公司主要感兴趣的是以更低成本获得本国无法获得的特定类型资源,此时的对外直接投资会对国内投资产生挤入效应,而出于寻求市场的跨国公司海外直接投资将对国内投资产生挤出效应。其次,关于母国金融市场环境改善带来的影响。达斯古普塔(Dasgupta,2014)、克诺里奇(Knoerich,2017)认为,由于发展中国家资本市场效率不高,存在资本管制,导致企业海外直接投资成本比国内投资成本低,因此,形成挤出效应;当母国投融资环境改善后，对外直接投资利润返回母国时，会形成对母国国内投资的挤入效应。实际上，对外直接投资和国内投资的关系受到了实际 GDP、贸易体制等宏观经济变量的影响，省略一些关键宏观经济变量的实证研究会导致结果出现偏差，如在储蓄和其他类型资本充备的国家，对外直接投资对国内投资的影响，肯定与资本缺乏的国家不同。图 2-2 为对外直接投资对国内投资的影响机制。

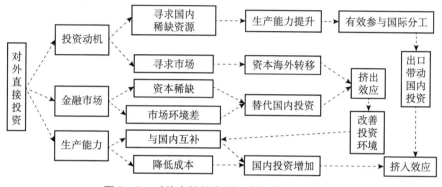

图 2-2　对外直接投资对国内投资的影响机制

此外，也有部分学者关注于对外直接投资对国内金融安全影响研究。迪尔（2017）认为，部分海外投资公司面临母国内部应计利润或融资限制，存在业务资金被挪用或价值损失的风险，如母国企业在"牛市"时期以高得多的溢价收购海外企业，或者在预期未来增长时没有进行此类投资之前的尽职调查，则在经济低迷时期将面临海外投资资产估值的大幅下跌风险，影响母国的国内投资；一些海外合资企业和全资子公司发行担保的非基金风险敞口扩张，直接影响母国金融安全。

二、国内产业结构的升级效应

一般认为，发达国家的跨国公司将非技术密集型以及技术密集型相对低的环节对外转移，通过自上而下的垂直专业化分工形成在全球范围内安排生产的对外直接投资，这种对东道国的产业转移是母国产业结构的对外溢出。与此不同，发展中国家通过对外直接投资逆向对国内产业升级的影响机制是由低技术梯度向高技术梯度国家的对外直接投资形成的，其具有学习效应。基于以上认识的最新研究成果有：首先，产业链分工差异导致产业升级效应具有不确定性。付思明（2016）提出，虽然跨国公司在纵向产业链中的某些生产活动部分从国内分散到国外，但是海外生产不能完全代替对海外生产地区的出口，对外直接投资可以刺激国内配套产业的投资，进而带动相关产业发展，有利于产业升级；横向产业链下的对外直接投资可能是国内投资的补充或者替代，由此产生的产业升级效应还具有不确定性。实际上，对外直接投资对产业结构的影响主要受到国内外的产业链分工及其关联度影响，若对外直接投资有助于形成"海外—国内"产业互动，则海外投资产业高端化发展将拉动国内产业配套提升。其次，新兴市场经济国家跨国企业海外投资的产业升级效应明显。基于罗和董（2007）构建的"跳板理论"，拉马穆提（2012）、乔杜里和坎纳（Choudhury & Khanna，2014）、库尔沃－卡祖拉等（2014）、帕迪拉－佩雷斯和诺盖拉（2016）研究发现，来自发展中国家的新兴跨国公司在国外获得母公司所缺乏的外国公司开发的尖端技术、品牌以及管理经验后，将这些无形资产与自身生产过程相结合，具备了更好地开拓国内外市场的条件，于是，许多新兴市场经济国家企业纷纷向海外扩张，使其在国际行业中的竞争优势得到明显提升，带动了产业结构升级。

此外，从国内外两个市场关联性角度分析，一般认为，发达国家对发展中国家进行对外直接投资时，某一产业对外直接投资与国际贸易之间往往是互补的关系，由此会形成对国内产业升级中过剩产能的"释放"和短缺资源的"补充"。迪尔（2017）、阿贝连斯基和马丁内斯－扎尔佐索（Abeliansky & Martínez-Zarzoso，2019）研究发现，市场寻求型对外直接投资有利于出口，而效率寻求型对外直接投资会产生出口替代效应，发展中国家普遍属于前者；基于提升国际价值链地位的对外直接投资形成的国外产能可以带动国内出口行业发展，有利于保持经常账户盈余，形成贸易顺差。但需要注意的是，部分资本管制放松导致的无限制对外直接投资外流，将对经常账户赤字产生持续的负面影响。实际上，出口贸易与对外直接投资的互补效应正是国内产业良性升级过程中形成的"对国外市场的开发"与"纵向一体化的实现"，由此产生对出口贸易的引致需求，这种作用主要是通过国内外产业间上下游的需求拉动形成的。

第六节　结论

通过前述的整理分析，这里能够得出如下结论。

首先，世界对外直接投资的动机与行为正发生实质性改变。新兴市场经济国家在技术创新、经济发展与体制转型等领域的改革正在重构原有的以发达国家为主的世界对外直接投资格局。发达国家对外直接投资动机由优势延伸转向立足东道国的创新源与本地化市场开发，而发展中国家对外直接投资动机则由面向发达国家的产业链配套与互补转向寻求价值链层面的平等合作与发展阶段提升。在新动机下，发展中国家对外直接投资更倾向于能够进行稳定合作并有效实现知识技术消化与整合的区位选择，更突出在传统产业领域的价值链提升与新兴产业领域的"并跑"发展；发达国家则面向全球进行产业发展战略布局，这在客观上给予了发展中国家更多的发展机会，这些发展机会体现为，在传统产业领域内更多的技术与产业配套发展机会，以及在新兴产业领域内参与产品内分工的发展机会。

其次，对外直接投资不确定性要求其研究视角进行综合化拓展。对外直接投资不确定性表现为：第一，对母国国内投资影响的不确定性。纵向一体化形成的国内与国外的互补效应有利于国内出口带动经济增长、推动国内产业投资进而促进产业结构升级、上下游衔接带动国内就业；但在横向一体化下其会形成对国内投资的替代，抑制产业升级与经济增长，同业竞争致使国内就业下降。第二，母国与东道国在技术效率方面的差距以及由此决定的学习吸收能力差异具有不确定性。如果母国的学习能力和消化吸收能力强，则其可对创新绩效和绿色溢出效应产生显著影响；如果母国的学习和消化吸收能力与东道国存在较大差距，则其无法获得技术溢出效应。第三，母国的国内政策差异会导致同等情形下的对外直接投资产生不同效果。如资本管制差异影响经常账户盈余与外债水平，母国的环保规制强度决定了绿色溢出效应的发挥，母国的金融约束程度影响母国金融资源配置，即使是纵向一体化的对外直接投资也可能因此致使经济增长受到负面影响等。第四，母国发展阶段的差异性决定了母国效应在长短期内的不一致。如通过对外直接投资"获取东道国资源"阶段的逆向技术溢出效应明显低于"对资源转移、吸收和采用"阶段的逆向技术溢出效应;母国企业创新能力由弱转强的拐点前后,对外直接投资对知识产权制度变迁的"倒逼"影响由弱至强。此外,文化因素也会通过跨国交流效率与管理效率影响母国效应,如同一文化基因会促进逆向技术溢出的吸收效率;又如投资的逐利性决定了跨国公司对外直接投资的基本属性,但是在政策决策期内,政府或投资主体进行综合利益考量后的"多者相权,取其重"会在一定程度上对逐利性进行修正。因此,对于该问题的研究需要从全面系统性、综合复杂性、长周期的视角进行深入思考。这意味着,基于传统经济资源禀赋的比较优势研究实际上不能够完全解释对外直接投资动机与行为,将经济与非经济因素综合考量的引力方程分析方法、制度变迁与制度创新分析方法的研究将是一种趋势。

最后,母国的逆向技术溢出效应研究对于发展中国家具有重要价值,发展中国家通过对外直接投资获得的逆向技术溢出途径可以分为技术渠道和非技术渠道两类。在技术渠道方面,发展中国家企业在东道国获得专有技术、在东道国建立研发中心,获取更准确的国际市场信息进行新产品开发,聘用高技术水平人才等,这些做法将有助于母国企业的技术水平提升。在非技术渠道方面,发展中国家企业获取东道国的重要原材料、低成本劳动力,拓展市场份额以及获取低成本国际基金支持等,这些做法将有助于母国企业降低创新成本进而提升创新绩效。发展中国家企业获取的技术优势转移回母国,经过消化和吸收后直接应用于生产过程,从而提高母公司的生产效率;获得的材料、市场和金融等资源作用于母国企业,从投入产出角度形成成本节约或规模经济,同样可以提高母国的生产效率。在上述过程中,第一阶段即通过对外直接投资获取东道国资源阶段,由于动机不同将导致对资源获取的类别和程度不同;在第二阶段即对资源转移、吸收和采用的阶段,由于不同企业的技术吸收能力不同将导致母国的逆向溢出效应差异,因此,发展中国家所处的发展阶段差异决定了对外直接投资对母国的技术创新绩效程度不同。绿色发展依赖技术创新,对于发展中国家企业来讲,发展绿色技术往往是非自愿性行为,但迫于东道国的制度同构压力以及母国社会进步引致的环境约束,跨国企业的绿色发展将是必然之路。

中国经济已经到达"刘易斯拐点"后的劳动力成本上升阶段,以降低成本为目的的对外直接投资、为了克服竞争劣势与寻求升级合作机遇的对外直接投资是该阶段内的主要动机，这种动机更多地表现为由市场主体自我驱动；此外，由政府主导的"一带一路"倡议使中国企业对外直接投资又具有了国内政策驱动性特征。在"一带一路"倡议提出之前，中国对外直接投资的产业部门主要是贸易和相关服务、制造业以及建筑业等基础设施部门；在"一带一路"倡议提出之后，行业分布逐渐发生变化，建筑业和基础设施行业的对外直接投资比例明显高于其他行业。而且，现有证据显示，"一带一路"倡议提出后的中国企业海外注册数量以及对共建国家的直接投资均呈现出明显的增长态势（Shu et al.，2019）；国内生产总值增长、出口增长、信贷可获得性、资本管制和人民币价值预期等因素对中国企业的对外直接投资具有显著性影响（Hofman，2016）。受当前逆全球化趋势影响，中国经济发展立足国内大循环、促进国内国际双循环的格局将在较长时间内存在，相比第二次世界大战后欧美主导的国际直接投资格局而言，"一带一路"建设与中国对外直接投资的契合度将会越来越紧密。

从对外直接投资的历史实践发展来看，全球化发展的长期趋势是不可阻挡的，发展中国家对外直接投资问题研究也将是持续的。随着"新一轮扩大开放""一带一路"建设与"走出去"发展战略的深入实施，中国实践发展正在不断催生理论研究深化，新时期对外直接投资的相关研究将成为中国改革开放的重要理论研究命题之一，也是当前世界格局下全球化发展与国际投资理论研究工作的重要内容之一。目前，中国对外直接投资动机既有获取矿产与能源等的顺梯度投资，也有开拓市场、获得先进技术的逆梯度投资，"出口导向"与"进口替代"并存。从未来发展角度，实现"国际产业价值链的高端化发展"将是长期目标，因此，中国需要将对外直接投资与"供给侧结构性改革"融合，鼓励真正的"走出去"，打击"折返"与"资金外逃"；深化扩大开放，有序开放资本输出限制，规范要素的国际流动，不断提升"学习能力"；推进"一带一路"建设，寻求建立更合理公正的国际规则，加快投资便利化进程，消除投资壁垒。这需要加强中国企业的知识产权意识，在投资前进行准确有效的相关调查研究，了解东道国的知识产权政策，将风险降到最低，以保障对外直接投资的成功实施。

第三章　对外直接投资的全球趋势与中国特征

第一节　对外直接投资的全球趋势分析

20 世纪 80 年代后半期以来，在跨国公司国际投资为代表的全球化浪潮下，全球对外直接投资呈现出明显的增长态势，其中，欧洲和美洲是主要的资本输出地；21 世纪初至 2008 年世界经济危机期间，全球对外直接投资走出"U"型态势；2008 年后的欧美对外直接投资在波动中呈现下降趋势，亚洲与大洋洲在波动中呈现上升趋势且超越了欧洲与美洲。具体如图 3–1 所示。

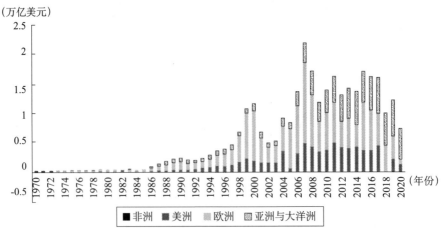

图 3–1　世界各地区对外直接投资增长情况

资料来源：联合国贸发会议数据库。

一、流出态势呈现"东升西降"，中国增长明显

从图3－2中可以观察到：发展中国家与发达国家对外直接投资的世界占比是"此涨彼降"，目前，新兴工业经济体国家[①]与中国的对外直接投资分别占到发展中国家的近1/2和1/3强。

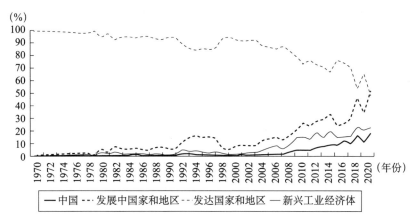

图3－2　中国与发展中/发达国家及新兴工业经济体国家对外直接投资的世界占比情况

资料来源：联合国贸发会议数据库。

二、流入态势总体上"一路向西"，中国市场相对稳定增长

发达国家是承接对外直接投资的主要目的地，受到全球经济形势影响，发达国家、发展中国家与新兴工业经济体国家呈现出较为明显的一致性波动趋势；相比较而言，中国吸收外商投资表现出与之不同的较为稳定的增长态势，这与中国政府主导的改革开放政策对于外部经济发展形势的"逆周期调控"有一定的关系，在一定程度上"熨平"了波动；另外，2020年发达国家吸收外商投资大幅度下降，降至发展中国家和新兴工业经济国家水平之下，其主要原因是资本"趋利避害"选择所致，中国在这一年首次超过美国成为最大外资流入国，也是主要得益于中国是全球最早的"复产复工"地区。具

① 根据联合国贸发会议的统计口径，包括了中国、巴西、印度、南非、墨西哥、土耳其、印度尼西亚、埃及、阿根廷、波兰、文莱、保加利亚、智利、哥伦比亚、哥斯达黎加、克罗地亚、塞浦路斯、希腊、伊朗、哈萨克斯坦、拉脱维亚、毛里求斯、北马其顿、阿曼、秘鲁、罗马尼亚、沙特阿拉伯、塞尔维亚、苏南里、泰国、突尼斯、乌克兰、委内瑞拉等国家和地区。

体如图 3 - 3 所示。

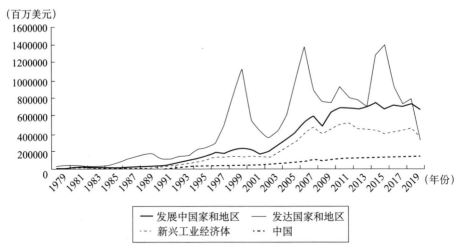

（百万美元）

图 3 - 3　流入发展中/发达国家及新兴工业经济体国家对外直接投资情况

资料来源：联合国贸发会议数据库。

三、绿地投资仍为全球主要形式，中国跨国并购趋于理性

21 世纪第二个 10 年以来，世界跨国投资形式主要还是以绿地投资为主且相对稳定，但跨国并购总体年份波动较大，其中，2016 年的跨国并购金额超过了绿地投资金额。从中国的跨国并购情形来看，并购金额走势与世界相似，并购金额中直接投资占当年全部对外直接投资流量金额的比重最高年份为 44.1%，与之前相比（如 2004 年 54.4%，2005 年 53%，2008 年 54%），处于下降趋势。如图 3 - 4 所示。

究其原因，可以发现：2016 年中国对外直接投资中住宿/餐饮、文化/体育/娱乐、房地产投资增长速度接近或超过了 100%，与此同时，在人民币汇率下跌与全球对外直接投资市场增长环比下降条件下的 2016 年上半年中国债务工具投资却增长迅速，这说明存在非理性投资增长与"资金外逃"风险，因此，2017 年多部门联合发布的《关于进一步引导和规范境外投资方向的指导意见》中明确提出"鼓励、限制与禁止"的分类监管模式，2018 年国家发展和改革委员会制定了《境外投资敏感行业目录》，直接抑制了非理性与非法行为。

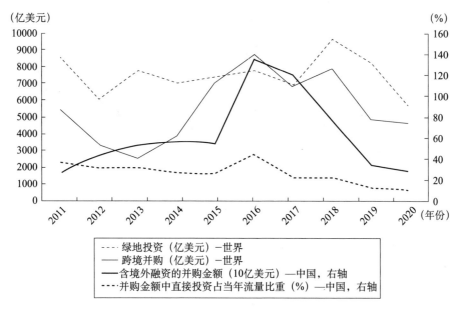

图3-4 全球绿地投资、跨境并购与中国跨国并购投资情况

资料来源：世界数据来自《2021年世界投资报告》，中国数据来自《2020年度中国对外直接投资统计公报》。

四、服务业投资为主要领域，中国租赁和商务服务业"一枝独秀"

从目前来看，全球对外直接投资中处于资源寻求型的初级产品领域的份额较低，绿地投资中服务业领先于制造业，2020年制造业下降较服务业更为明显，跨境并购中制造业略高于服务业；综合来看，全球对外直接投资的主要领域还是服务业，其次为制造业。如图3-5所示。

从中国情况来看，服务业优势更为明显，在分行业的对外直接投资流量占比中排名前五位的分别是租赁和商务服务业、制造业、批发和零售业、金融业、信息传输/软件和信息技术服务业，除了制造业以外，均为服务业领域。如图3-6所示。

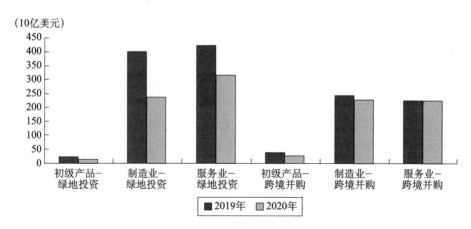

图3-5 世界对外直接投资主要产业领域分布

资料来源：世界数据来自《2021年世界投资报告》，其中跨境并购为跨境并购净额，所有数据均为已披露数据。

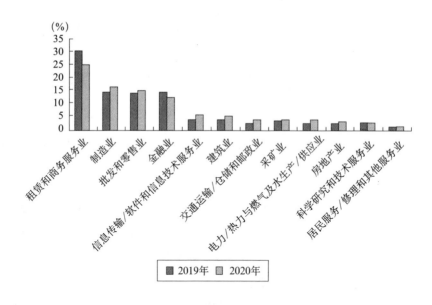

图3-6 中国对外直接投资流量行业分布

资料来源：《2019～2020年度中国对外直接投资统计公报》，这里仅列出了占比超过1%的行业。

五、发达国家限制性政策相对增多，中国趋向于分类施策

依据联合国贸发会议公布的《世界投资报告》显示：在涉及外商直接投

资的国别政策变化中，剔除中性政策后的限制性或监管政策占比逐年递增，而自由化或促进政策占比呈递减趋势。如图 3 – 7 所示。

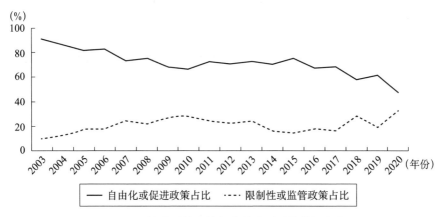

图 3 – 7　涉及对外直接投资的国别政策基调变化

资料来源：《2004 ~ 2021 年世界投资报告》。

中国对外直接投资政策变迁体现了中国改革开放以来的整体宏观政策阶段性变化，与历次党的代表大会所作出的重要决定以及国内外宏观经济环境变化具有密切关联性。从对外直接投资的项目管理方式、外汇使用规定、政策设计初衷、投资主体以及风险防控等维度梳理中国对外直接投资政策基调变迁，其大致可分为：1978 ~ 1991 年的审慎监管、1992 ~ 1999 年的审慎放开、2000 ~ 2008 年的主动放松、2009 ~ 2015 年的主动作为、2016 年以来的分类施策等五个阶段①。2017 年多部门联合发布的《关于进一步引导和规范境外投资方向的指导意见》中明确提出"鼓励、限制与禁止"的分类监管模式，2018 年国家发展和贸易委员会制定了《境外投资敏感行业目录》，这是"负面清单"管理思维的一种体现。目前，中国对外直接投资政策基调为"分类甄别与精准施策"，重点审查虚假海外投资，防范资本外溢风险；提示非理性海外并购风险，强化预警服务指导。

---

① 刘文勇：《改革开放以来中国对外投资政策演进分析》，载于《上海经济研究》2022 年第 4 期，第 23 ~ 32 页。

第二节　中国对外直接投资结构分析

经过多年发展，中国对外直接投资存量（流量）规模由 2002 年的 299 亿美元（27 亿美元）发展至 2020 年的 25806.6 亿美元（1537.1 亿美元），增长了 86.3 倍（56.9 倍），世界排名由 25 位（26 位）跃升至第 3 位（1 位）。如图 3 - 8 所示。

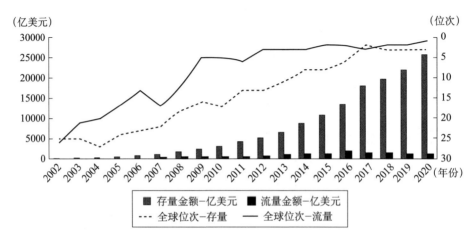

图 3 - 8　中国对外直接投资存量与流量及其全球位次

注：2002～2005 年数据为中国对外非金融类直接投资数据，2006～2020 年数据为对外全行业直接投资数据。

资料来源：《2020 年度中国对外直接投资统计公报》。

当前，受到国际政治关系影响，对外直接投资总量增速有所下降，但针对"一带一路"共建国家和地区的对外直接投资增速有所提升。如 2021 年 1～11 月，中国非金融类对外直接投资同比下降 2.9%，但是面向"一带一路"共建国家和地区非金融类对外直接投资同比增长 12.7%；对外承包工程完成营业额同比增长 8.2%[1]。这表明，中国自"一带一路"倡议提出以

---

① 商务部：前 11 月中国对外非金融类直接投资同比下降 2.9%，中国新闻网，https://www.chinanews.com.cn/cj/2021/12 - 23/9636353.shtml。

来，国家政策引导的对外直接投资规模增长呈现出明显变化。

一、区位分布结构

中国对外直接投资的国家和地区范围在不断扩大，但是呈现出明显的不均衡性。从境外投资分布地区来看，亚洲成为中国对外直接投资最集中的地区，占比达66.4%，其次是拉丁美洲占比达到19.8%，而欧洲、北美洲、非洲和大洋洲占比分别为5.2%、4.6%、2%和2%，由此可以看出，中国对外直接投资地区相对多元化，并非仅仅集中在"心理距离"较近的亚洲；但对亚洲投资始终占比较大，除了2005年和2006年之外，其余年份均在中国对外直接投资中占比一半以上，这是因为除了毗邻的地理优势外，还有"一带一路"政策的倾向，使国内企业对外投资时多倾向于亚洲国家；对欧洲的直接投资总体上呈现上升的趋势，相较于2004年的2.86%，2020年的中国对外直接投资占比达到8.26%，增长了近2倍；对北美洲的投资也呈现增长的趋势，2020年对北美直接投资为4.13%，相较于2004年的2.30%，增长了近1倍。如图3-9所示。

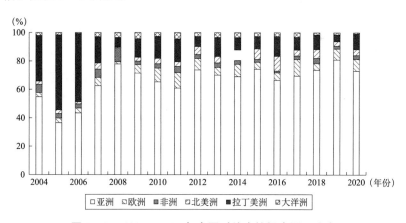

图3-9　2004~2020年中国对外直接投资洲际分布

资料来源：《2004~2020年度中国对外直接投资统计公报》。

中国对于欧美地区的直接投资，多是技术导向型的，能有效学习当地先进技术及管理经验，从而反哺国内市场和经济发展；对于非洲、大洋洲和拉丁美洲的直接投资呈现下降趋势，其中，对于大洋洲的投资下降了近2倍，这可能是因为国际政治局势紧张，使国内企业对外投资活动受限。

二、行业分布结构

从时间轴纵向来看，2004 年的采矿业、制造业直接投资占比分别为 32.74% 和 13.74%，合计占比为当年对外直接投资的 46.48%；2010 年的租赁和商务服务业对外直接投资占比为 44.01%，这说明，中国对外直接投资行业重心发生改变，侧面反映了中国经济结构调整的成果；2015 年的租赁和商务服务业对外直接投资占比为 24.89%，制造业、批发和零售业和金融业的对外直接投资分别占比分别为 13.72%、13.19% 和 16.64%，这个时期的对外直接投资结构更为均衡；2020 年中国对外直接投资占比最高的依然是租赁和商务服务业、制造业、批发和零售业、金融业，各自占比分别为 25.19%、16.81%、14.96%、12.79%，这说明，近些年中国对外直接投资结构趋于稳定。从产业间横向比较来看，在中国对外直接投资的行业结构中，农林牧渔业、采矿业、住宿和餐饮业等行业占比总体呈现下降趋势，如采矿业占比从 2004 年的 32.74% 下降到 2020 年的 3.99%，这说明，中国对外直接投资中资源寻求型动机不断弱化；建筑业、交通运输/仓储和邮政业、信息传输/软件和信息技术服务业、房地产业、科学研究和技术服务业等行业占比均有不同程度上升，其中，上涨幅度最大的是建筑业，从 2004 年占比 0.87% 上升到 2020 年的 5.27%；制造业、批发和零售业、金融业等近些年中国对外直接投资中占比较大的支柱性行业占比波动均不明显。如图 3 - 10 所示。

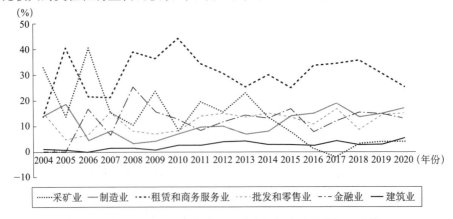

图 3 - 10　2004 ~ 2020 年中国对外直接投资流量的行业结构

资料来源：《2004 ~ 2020 年度中国对外直接投资统计公报》。

从 2020 年中国对外直接投资存量在全世界不同地区的行业分布情况看，中国在亚洲地区的直接投资主要以租赁和商务服务业、批发和零售业为主，两者占比累计达到 55.9%；中国在拉丁美洲的直接投资主要以信息传输/软件和信息技术服务业为主，占比达到 37.6%；中国在非洲的直接投资主要以建筑业为主，占比达到 34.9%；中国在北美洲和欧洲的直接投资主要以制造业为主，占比分别为 26.6% 和 33.1%；中国在大洋洲的直接投资主要以采矿业为主，占比为 43.6%。上述的中国对外直接投资在不同地区的主要行业分布，实际上反映了受到区位资源禀赋以及国际政治格局影响的中国与世界"互补式"发展特征。如表 3 - 1 所示。

表 3 - 1　　2020 年末中国对各洲直接投资存量前五位的行业分布

地区	行业	存量（亿美元）	占比（%）	地区	行业	存量（亿美元）	占比（%）
亚洲	租赁和商务服务业	6694.8	40.7	拉丁美洲	信息传输/软件和信息技术服务业	2371.2	37.6
	批发和零售业	2500.1	15.2		租赁和商务服务业	1339	21.3
	金融业	1929.4	11.7		批发和零售业	786.3	12.5
	制造业	1619.9	9.8		制造业	402.5	6.4
	采矿业	865.2	5.3		科学研究和技术服务业	371.7	5.9
	小计	13609.4	82.7		小计	5270.7	83.7
非洲	建筑业	151.5	34.9	北美洲	制造业	265.8	26.6
	采矿业	89.4	20.6		采矿业	149.9	15
	制造业	61.3	14.1		金融业	139.7	14
	金融业	41.4	9.6		信息传输/软件和信息技术服务业	95.7	9.6
	租赁和商务服务业	23.5	5.4		租赁和商务服务业	86.6	8.6
	小计	367.1	84.6		小计	737.7	73.8
欧洲	制造业	405.6	33.1	大洋洲	采矿业	175.1	43.6
	采矿业	214.3	17.5		租赁和商务服务业	50.7	12.6
	金融业	181.2	14.8		金融业	41.2	10.3
	租赁和商务服务业	121.9	10		房地产业	34.1	8.5
	批发和零售业	67.9	5.5		制造业	23.6	5.9
	小计	990.9	80.9		小计	324.7	80.9

资料来源：《2020 年度中国对外直接投资统计公报》。

三、投资主体结构

从国内东中西部地区来看，2004～2020年东部地区对外直接投资占比始终维持在80%左右，中部地区对外直接投资占比从2004年的11.22%下降到2020年的8.35%；西部地区对外直接投资占比波动比较大，从2004年的4.27%上升到2020年的6.92%，其间，2010年占比达到12.80%。如表3-2所示。

表3-2　　　　　中国主要年份对外直接投资（流量）来源分布

地区		2004 年		2010 年		2015 年		2020 年	
		金额（万美元）	比重（%）	金额（万美元）	比重（%）	金额（万美元）	比重（%）	金额（万美元）	比重（%）
东部地区	北京	15739	16.74	76614	4.35	1228033	13.17	598518	7.06
	天津	1754	1.87	34132	1.94	252654	2.71	154478	1.82
	河北	1286	1.37	53237	3.02	94030	1.01	125140	1.48
	辽宁	4141	4.41	193566	10.98	212204	2.28	46474	0.55
	上海	20564	21.88	158468	8.99	2318288	24.87	1255140	14.80
	江苏	5733	6.10	137119	7.78	725000	7.78	613916	7.24
	浙江	7225	7.69	267915	15.20	710816	7.62	1074389	12.67
	福建	1591	1.69	53495	3.04	275743	2.96	333924	3.94
	山东	7523	8.00	189001	10.72	710983	7.63	610241	7.20
	广东	13893	14.78	159977	9.08	1226250	13.15	2353187	27.75
	海南	–	0.00	22179	1.26	120119	1.29	19910	0.23
	合计	79449	84.53	1345703	76.36	7874120	84.47	7185317	84.74
中部地区	山西	411	0.44	7926	0.45	18611	0.20	7027	0.08
	吉林	2887	3.07	21340	1.21	65823	0.71	8957	0.11
	黑龙江	5645	6.01	23780	1.35	42388	0.45	6050	0.07
	安徽	614	0.65	81365	4.62	206747	2.22	146474	1.73
	江西	93	0.10	9470	0.54	100457	1.08	143677	1.69
	河南	469	0.50	11864	0.67	131284	1.41	115013	1.36
	湖北	131	0.14	8061	0.46	63596	0.68	62194	0.73
	湖南	296	0.31	27477	1.56	112370	1.21	218785	2.58
	合计	10546	11.22	191283	10.86	741276	7.96	708177	8.35

续表

地区		2004 年		2010 年		2015 年		2020 年	
		金额（万美元）	比重（%）	金额（万美元）	比重（%）	金额（万美元）	比重（%）	金额（万美元）	比重（%）
西部地区	内蒙古	667	0.71	8042	0.46	40447	·0.43	23874	0.28
	广西	450	0.48	18682	1.06	45091	0.48	39104	0.46
	重庆	985	1.05	36109	2.05	149638	1.61	125019	1.47
	四川	506	0.54	69097	3.92	118730	1.27	187504	2.21
	贵州	—	0.00	289	0.02	6539	0.07	1548	0.02
	云南	491	0.52	51339	2.91	94648	1.02	73030	0.86
	陕西	234	0.25	26055	1.48	62408	0.67	70935	0.84
	甘肃	317	0.34	10176	0.58	12293	0.13	8659	0.10
	青海	—	0.00	138	0.01	7826	0.08	8242	0.10
	宁夏	137	0.15	711	0.04	108959	1.17	9888	0.12
	新疆	216	0.23	4776	0.27	61077	0.66	39038	0.46
	合计	4003	4.27	225414	12.80	707656	7.59	586841	6.92
	共计	93998	100	1762400	100	9323052	100	8480335	100

资料来源：《2004～2020 年度中国对外直接投资统计公报》，其中西藏数据缺失，部分地区的年度数据缺失，表中以"—"标示。

从对外直接投资主体的注册类型来看，2020 年末中国对外直接投资主体数量为 27870 家，其中，主要以有限责任公司、私营企业和股份有限公司为主，合计占比 77%；非金融类对外直接投资存量 23106 亿美元，其中，主要以有限责任公司、股份有限公司、国有企业和个体经营为主，合计占比 80.4%。计算对外直接投资存量金额占比/企业数量占比的比值，该比值代表了单位企业的投资占比情况，为均等化指标，可以发现：国有企业的对外直接投资金额贡献度最大（8.74），其次是个体经营企业（4.87）。具体情况如表 3–3 所示。

表 3–3　　　2020 年末按登记注册类型划分的中国对外直接投资情况

工商登记注册类型	企业数量分布		非金融类直接投资存量分布		非金融类直接投资存量占比/企业数量分布占比（%）
	数量（家）	占比（%）	金额（亿美元）	占比（%）	
有限责任公司	9570	34.3	3003.78	13	0.38
私营企业	8323	29.9	1455.678	6.3	0.21
股份有限公司	3567	12.8	2287.494	9.9	0.77

工商登记 注册类型	企业数量分布		非金融类直接投资存量分布		非金融类直接投资存量占比/企业数量分布占比(%)
	数量(家)	占比(%)	金额(亿美元)	占比(%)	
外商投资企业	1526	5.5	716.286	3.1	0.56
国有企业	1491	5.3	10698.078	46.3	8.74
港澳台商投资企业	1093	3.9	1039.77	4.5	1.15
个体经营	651	2.3	2587.872	11.2	4.87
股份合作企业	339	1.2	92.424	0.4	0.33
集体企业	109	0.4	92.424	0.4	1.00
联营企业	42	0.2	—	—	—
其他	1159	4.2	1132.194	4.9	1.17
合计	27870	100	23106	100	1.00

资料来源:《2020 年度中国对外直接投资统计公报》。

第三节 中国对外直接投资竞争力分析: 基于"一带一路"视角

对外直接投资竞争力测度常见的方法有三种:一是投资市场占有率测度法,反映的是某国在东道国吸引的全部外商直接投资中占比情况;二是投资竞争力指数法,反映的是某国在开放经济条件下的投资业绩和竞争实力;三是显性投资比较优势指数法,反映的是某国某产业与世界某产业相比较的对外直接投资优势。第一种方法侧重单一对象国的研究,第二种方法侧重国家间的比较,第三种方法侧重产业间的比较。这里选择第二种方法,突出中国与"一带一路"共建国家和地区①的比较。具体计算公式如下:

---

① 截至 2023 年 10 月,我国已与 152 个国家签署"一带一路"合作文件。考虑到数据的连续性,这里选择国家信息中心"一带一路"大数据中心出版的《"一带一路"大数据报告(2016)》中截至 2015 年底已签约的国家为研究对象。这些国家包括中亚 6 国(蒙古国、哈萨克斯坦、乌兹别克斯坦、土库曼斯坦、吉尔吉斯斯坦、塔吉克斯坦)、中东欧 16 国(波兰、罗马尼亚、捷克、斯洛伐克、保加利亚、匈牙利、拉脱维亚、立陶宛、斯洛文尼亚、爱沙尼亚、克罗地亚、阿尔巴尼亚、塞尔维亚、马其顿、波黑、黑山)、西亚北非 16 国(沙特阿拉伯、阿联酋、阿曼、伊朗、土耳其、以色列、埃及、科威特、伊拉克、卡塔尔、约旦、黎巴嫩、巴林、也门、叙利亚、巴勒斯坦)、独联体其他 7 国(俄罗斯、乌克兰、白俄罗斯、格鲁吉亚、阿塞拜疆、亚美尼亚、摩尔多瓦)、东南亚 11 国(印度尼西亚、泰国、马来西亚、越南、新加坡、菲律宾、缅甸、柬埔寨、老挝、文莱、东帝汶)、南亚 8 国(印度、巴基斯坦、孟加拉国、斯里兰卡、阿富汗、尼泊尔、马尔代夫、不丹)。

$$IC_{it} = （OFDI_{it} - IFDI_{it}）/（OFDI_{it} + IFDI_{it}）\qquad (3-1)$$

式（3-1）中，IC_{it} 为投资竞争力指数，$OFDI$ 为对外直接投资，$IFDI$ 为吸引的外商直接投资，i 为国家，t 是时期。IC_{it} 取值范围 ［-1，1］，越大说明该国相应地在对外直接投资中的竞争力越强，反之则说明在吸引外商直接投资方面竞争力强。相关基础数据通过联合国贸发会议 UNCATAD STAT 数据库可以获得。这里，将 64 个"一带一路"共建国家和地区看作一个整体进行计算。

计算结果发现：中国与"一带一路"共建国家和地区的 IC 指数趋势均呈现上升态势即由吸引外商直接投资转向开展对外直接投资，但 IC 指数整体基本为负值，说明仍以吸引外商直接投资为主；中国在 2015～2018 年期间 IC 值为正，这是中国对外直接投资"走出去"发展较快的时期；从 2008 年开始中国 IC 值超过"一带一路"共建国家和地区且上升趋势更为明显，说明中国的对外直接投资竞争力较"一带一路"共建国家和地区相对更强；从两者相关性来看，2008～2011 年与 2012～2018 年在这两个周期内呈现出"此消彼长"态势，与之前 2000～2007 年的"同步"趋势明显不同，这说明，"金融危机"以来中国对外直接投资加快走出去的同时，在一定程度上与"一带一路"共建国家和地区存在互补性。如图 3-11 所示。

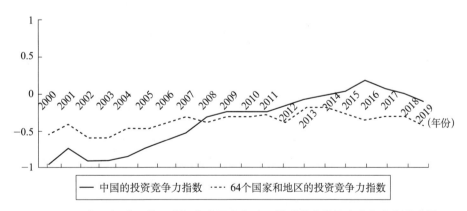

图 3-11　中国与"一带一路"共建国家和地区的对外直接投资竞争力指数比较

资料来源：https：//unctadstat. unctad. org/wds/ReportFolders/reportFolders. aspx，经笔者加工整理。

"一带一路"倡议促进了要素配置优化与升级，推动了产业集聚转型发展。中国跨国资本流动由改革开放之初的单向流入主导转为目前的双向流动并重,在关注稀缺要素"引进来"的同时,鼓励丰裕要素"走出去"。正是由于中国由"侧重引进来"向"侧重走出去"的转型,将中国与"一带一路"共建国家和地区的关系由过去的"同步"发展招商引资的"竞争关系",变为"你进我出"的协调互补关系,这种国家资本往来关系的"错位"拉近了中国与"一带一路"共建国家和地区的"共生"关系,为中国资本进入"一带一路"共建国家和地区奠定了良好、稳定的国际"伙伴"关系环境。现代理论认为,出口贸易优势不但来源于产业间,也来源于产业内,"朝阳产业"的产业间对外直接投资会与国内对应产业形成替代关系,减少相关贸易出口;"夕阳产业"的产业间对外直接投资会促进国内产业资源重新整合配置,促进优势产业的出口贸易发展;产业内对外直接投资会与国内相关产业形成互补关系,带动出口贸易增长。从中国与"一带一路"共建国家和地区的对外直接投资竞争力指数走势来看,这种"错位"发展满足了中国对外直接投资对国内产业资源重新优化配置以及促进国内出口贸易增长的基本条件。

第四节　结论

中国作为全球资本流动市场的重要目的国与输出国,中国的对外直接投资呈现出较为鲜明的特征,这些特征表现为:

一是在全球资本输出呈现"东升西降"的格局下,中国作为新兴工业经济国家、世界最大发展中国家,发挥了"领头羊"的作用。

二是在以发达国家为主导的资本流入目的国中,由于中国经济体量所决定的市场吸引力与深化改革开放的政策影响力,确保了中国吸引外商投资规模的相对稳定,中国已经由"资本净流入国"转变为"资本双向交互流动国家",这将有助于"双循环格局"的良性发展。

三是中国对外直接投资主体日益趋于理性,受到全球发展趋势与中国政府政策引导,跨国并购的盲目性、投机性动机正在发生改变。

四是中国对外直接投资基本遵循了世界对外直接投资市场的一般性规律,

这表现为绿地投资占比份额最大，租赁和商务服务业比重最高。

五是受制于发达国家限制性政策相对增多，中国对外直接投资面对的外部不确定性日益加大。无论是客观环境还是主观意愿所致，面向中国主导建设的"一带一路"共建国家和地区的市场，其已开始成为中国对外直接投资的重要领域。而且，从对外直接投资竞争力指数分析来看，中国与"一带一路"共建国家和地区存在明确的互补性，已经由过去的"同步"发展招商引资的"竞争关系"，变为"你进我出"的协调互补关系，这种"错位"发展满足了对外直接投资对国内产业资源重新优化配置以及促进国内出口贸易增长的基本条件。

六是中国对外直接投资目的地分布反映了世界区位资源禀赋特征与国际政治格局特点，中国对外直接投资行业分布反映了国内"后工业化发展阶段""制造业转型"等阶段性特征，中国对外直接投资主体的国内区域来源反映了"东部领衔""中部崛起""西部大开发"的总体区域发展状态，中国对外直接投资的投资主体的企业类型分布反映了"国有企业转型""培育多元化市场主体"的国内改革趋势，上述特征表明：中国对外直接投资既与国际环境变化密切相关，又与国内经济高质量发展具有明确的互动性。

第四章 中国对外直接投资的逆向
技术溢出效应

随着中国技术创新水平不断提高，中国已经成功迈入创新型国家行列，迈入创新型国家前列是中国下一阶段的新目标。在全球科技竞争愈发激烈的背景下，中国应一方面加大自主创新力度，另一方面充分利用来自国外的技术溢出效应，加快提高技术创新能力。在"进一步深化改革开放""高质量走出去""一带一路"建设等背景下，对外直接投资已经成为中国获取国外技术溢出效应的重要途径之一。

第一节 对外直接投资逆向技术溢出效应的界定

在索洛（Solow，1956）和斯旺（Swan，1956）建立的新古典增长模型中，生产投入要素只有资本和劳动，长期持续的经济增长只能借助外生的技术进步。在内生增长理论中，罗默（Romer，1990）的产品多样化模型和"熊彼特增长模型"从 R&D 促进生产率提高的角度解释了经济的长期持续增长。在产品多样化模型中，创新通过中间产品种类的增加来提高生产率；在熊彼特增长模型中，创新通过改进产品质量带动经济增长。然而，早期的中间产品种类增加模型和产品质量改进模型主要考察封闭经济下国内企业 R&D 投入对技术进步的影响。在开放经济下，一国的技术进步不仅受本国 R&D 投入的影响，而且受到国外 R&D 投入的影响，其他国家的 R&D 活动会通过各种溢出渠道间接地对本国的技术进步产生影响。在国际经济活动中，这种研发活动的外部性被称为国际技术溢出，即外国 R&D 资本通过国际经济活动中的各种溢出渠道进行非自愿扩散，间接地促进了本国技术进步①。国际贸易、外商直接投资、对外直接投资都是国际技术溢出的主要渠道。

外商直接投资与对外直接投资的技术溢出方向正好相反。一般而言，技术溢出效应（technology spillover）是指跨国公司在东道国实施对外直接投资，跨国公司的资本、先进生产技术等发生国际转移，产生自跨国企业至东道国厂商的技术和知识扩散，引起东道国的技术进步②。投资母国在东道国实施对外直接投资，获取东道国资源，实现东道国先进技术向母国的扩散，引起母国的技术进步则称为逆向技术溢出效应③。

这里研究的"逆向技术溢出效应"是指投资母国通过对外直接投资渠道获取东道国的先进技术并传递回母国后，母国企业首先经过"消化—模仿—创新—应用"后有效吸收东道国的先进技术，然后将消化吸收后的先进技术从企业层面扩散到行业层面并最终扩散到国家层面，进而引起母国技术创新水平的提高。

第二节　对外直接投资获取逆向技术溢出效应的途径

母国对东道国实施对外直接投资，获取逆向技术溢出效应的途径主要有绿地投资的"本地化"发展、跨国并购的快速进入、海外研发中心的直接合作以及国际战略联盟的联合行动。

一、绿地投资的"本地化"发展

绿地投资也称新建投资，是指跨国公司在东道国建立国际独资企业或合资企业，并拥有企业的部分或全部资产所有权的投资行为。跨国公司通过绿

---

① 王英、刘思峰：《国际技术外溢渠道的实证研究》，载于《数量经济技术经济研究》2008年第4期，第153~162页。
② 蒋殿春、张宇：《经济转型与外商直接投资技术溢出效应》，载于《经济研究》2008年第7期，第26~38页。
③ 周春应：《对外直接投资逆向技术溢出效应吸收能力研究》，载于《山西财经大学学报》2009年第8期，第47~53页。

地投资获取逆向技术溢出效应的机制如下：首先，通过绿地投资在东道国新建企业，跨国公司一方面可以为东道国增加就业机会，促进东道国经济发展；另一方面可以通过雇佣东道国高素质、高知识水平的劳动力来获取外溢的知识与技术，从而提升母国自身的技术创新水平。其次，跨国公司通过绿地投资实现对东道国产业链的嵌入，与处于同一产业链的上下游企业开展密切合作，学习整个产业的先进技术，并将学习的先进技术传递回国内，带动国内产业技术创新水平提高。最后，由于市场竞争的原因，东道国会排挤绿地投资，因此，通过绿地投资新建的企业为了在激烈的国外市场中生存，会主动增加研发投入提高其产品的市场竞争力，企业自身的技术创新也在竞争中日益增强。但绿地投资也有比较明显的劣势，绿地投资时间成本较高，新建企业耗时较长，不利于跨国公司快速进入东道国发展以及占领东道国市场。

二、跨国并购的快速进入

跨国并购为跨国兼并和跨国收购的总称，是指母国企业将东道国企业一定份额的股权或所有权资产购买下来，从而控制东道国企业经营管理权的投资行为。母国企业通过跨国并购获取逆向技术溢出效应的机制如下：首先，跨国公司可以借助东道国公司原有的管理人员和制度快速融入当地文化、适应当地投资环境。其次，跨国并购企业控制了东道国被并购企业的经营管理权，这在一定程度上降低了母国学习东道国先进技术的壁垒。最后，跨国并购行为发生后，母国公司往往会派遣高级管理人员和研发人员参与东道国企业的经营管理和研发活动，直接接触东道国企业所掌握的前沿理论、核心技术，这种人员流动促进了母国公司技术创新水平的提高。跨国并购之后，母国企业和东道国企业的整合消化是跨国并购的一个难点，并购后的企业需要格外重视内部整合问题，整合过程中可能会因为政治、法律、文化等问题出现一系列风险，导致并购行为最终失败。

三、海外研发中心的直接合作

海外研发中心是指母国投资者在海外设立的从事科技领域的研究开发与实验的机构，其研发内容包括基础研究、应用研究、产品开发等方面。母国企业通过海外研发中心获取逆向技术溢出效应的机制如下：首先，企业通过设立海外研发中心直接获取当地的创新资源，在研发中心内部完成知识、技术的转移，实现母国公司科研能力的提升。其次，海外研发中心通常设立在研发资源密集的高新技术园区，大批掌握行业尖端技术的研发人才汇集于此，海外研发中心通过吸引这些研发人才、整合当地创新资源使得研发资源国际化。最后，集中资源开展技术研发工作的成果会通过多种渠道反馈回母国企业，进而提高投资母国的技术创新能力。但设立海外研发中心的做法并不适用于所有公司，设立海外研发中心需要高额成本，建造研发中心、雇佣高科技人才、开展前沿科技开发活动都需要大量资金投入，只有综合实力强、资金雄厚的大企业才能承受高额投入所面临的不确定性风险。

四、国际战略联盟的联合行动

国际战略联盟是指两个或两个以上不同国家的企业，为了达到共同的战略目标而采取的相互合作、共担风险、共享利益的联合行动组织。国际战略联盟是在全球经济一体化、国际竞争多样化的背景下产生的，自出现以来就发展迅速。企业通过国际战略联盟获取逆向技术溢出效应的机制如下：首先，发达国家之间的战略联盟存在良性互动，结盟企业共同面对竞争激烈的国际市场中存在的风险、共同分担高额的研发支出、共同享有科研成果，在提高彼此竞争力的同时互相促进创新能力的提升。其次，发展中国家与发达国家之间的战略联盟为发展中国家学习先进技术提供了丰富的机会，一方面，通过联盟之间共享研发资源，发展中国家可以直接学习联盟伙伴的先进技术；另一方面，通过发展中国家和发达国家之间优势互补形成综合优势，在国际市场获取先进技术后，发展中国家在发达国家的带领下共同学习国际前沿技术。但国际战略联盟也存在一定的缺点，战略联盟容易产生依赖性，尤其是对发展中国家而言，发展中国家与发达国家的联盟为发展中国家在国际市场中获取先进技术提供了便利性，长久如此，发展中国家容易对发达国家产生依赖，从而扼杀自身的自主创新能力。此外，企业各自追求实现利益最大化的目标容易使联盟之间发生分歧，不利于长期合作。

第三节　中国技术创新与对外直接投资的演进分析

改革开放以来，随着中国经济总量实现阶梯式大幅增长，在一系列科技政策、科技规划的支持下，中国技术创新投入和技术创新产出规模不断增加，2020 年中国创新指数位居全球第 14 位，已经成功迈入创新型国家行列。与此同时，在"走出去"的战略背景下，中国对外直接投资发展迅速，2020 年中国对外直接投资额达到 1537.1 亿美元，流量规模首次排名全球第一。为了更好地梳理技术创新与对外直接投资的变化，这里将以技术创新模式为维度，描述不同阶段下中国技术创新与对外直接投资的发展。参照雷家骕等（2019）和程磊（2019）的研究方法，通过比较 1978 年以来中国技术引进合同金额与 R&D 经费支出，将技术创新模式分为四个阶段，如图 4－1 所示。

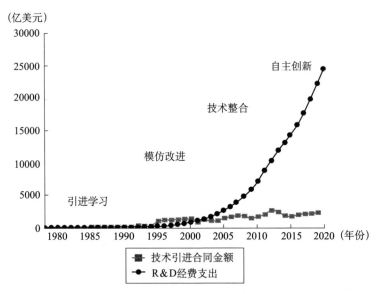

图 4－1　1978～2020 年中国技术引进合同金额和 R&D 经费支出

资料来源：《中国科技统计年鉴 1979～2021》，1978～1989 年的 R&D 经费支出根据 1990～1994 年 R&D 经费支出占国家财政科技支出的平均比例估算。

1978～1991 年为"引进学习阶段"，技术引进合同金额与 R&D 经费支出均较低且二者差距不大，在这一阶段，中国科技水平严重落后，主要通过学习、引进国外技术来补短板。1992～2000年为"模仿改进阶段"，技术引进合同金额大于R&D经费支出，在这一阶段，中国加大技术引进的力度，加大前沿技术原理研究，在模仿中对引进的先进技术进行改良、升级。2001～2011年为"技术整合阶段"，R&D经费支出反超技术引进合同金额，在这一阶段中国开始重视自主创新，通过整合国内外先进技术的方式来提升中国的技术创新能力。2012～2020年为"自主创新阶段"，R&D经费支出远远大于技术引进合同金额，在这一阶段中国持续增加R&D经费支出，努力提升技术的自主开发能力，建设创新型国家。

一、引进学习阶段的技术创新与对外直接投资

1978～1991年，中国技术创新发展处于"引进学习阶段"。在"文化大革命"期间，中国科研机构受到严重冲击，科技事业发展陷入停滞。为了尽快恢复科技事业发展，各地开始一边重建遭到破坏的科研机构，一边创办新的科研机构。科技人员数量和质量严重落后于发达国家是这一期间面临的突出问题，为了加强科技队伍的建设，政府增加科研经费，积极更新科研设备，大量建造科研用房，使科研工作人员的工作环境和条件大为改善。在这期间，中国主要通过选派科研工作人员出国进修、开展科技领域的国际学术交流活动、与发达国家签订科技合作协定、引进国外智力成果等方式学习国外先进技术。

此阶段内的中国对外直接投资处于初步探索阶段。1978年，中国开始实施对外开放政策，1979年国务院出台《关于经济改革的十五项措施》，明确提出允许"出国开办企业"，但对外直接投资规模较小。1982～1984年，中国对外直接投资流量分别为0.44亿美元、0.93亿美元、1.34亿美元，自1985年开始，中国对外直接投资规模开始明显增加，1985年中国对外直接投资流量为6.29亿美元，较1984年增长了369.4%。1991年，中国对外直接投资流量达到了9.13亿美元，是1982年对外直接投资流量的21倍。1982～1991年中国年均对外直接投资流量为5.37亿美元，与同期美国对外直接投资规模相差甚远，同期美国年均对外直接投资流量为365.91亿美元。如图4-2所示。

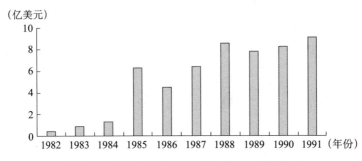

图 4 - 2　1982～1991 年中国对外直接投资流量

资料来源:《1982～1991 年度中国对外直接投资统计公报》。

二、模仿改进阶段的技术创新与对外直接投资

1992～2000 年,中国技术创新发展处于"模仿改进阶段"。1992 年,国务院颁布了《国家中长期科学技术规划发展纲领》,有关部门开始改革科技和经济体制。科技工作摆到了经济与社会发展的重要位置,各部门为了加大科技投入,制定各种优惠政策来开辟多种科技经费投入渠道,相关的财政经费投入、企业科研投入、各类科技发展基金等大幅增加。此后,各地通过建立企业技术研发中心,提高了企业技术创新能力;通过开展实施知识创新工程,提高了知识创新的能力和效率。在这一阶段,中国加大技术引进的力度,在模仿国外先进技术的基础上改进技术,在模仿改进中积累自身的自主创新能力。1992～2000 年,中国研发经费投入以年均 23.94% 的增速增长,2000 年研发经费已经达到了 895.66 亿元,约为 1992 年的 5.3 倍。在这一阶段,研发强度的变化趋势呈"U"型特征,其中,1992～1996 年研发强度逐年下降,1997～2000 年研发强度逐年上升,2000 年研发强度为 0.89%;同时,专利申请数量和授权数量总体上不断增加,年均增速分别为 11.02% 和 21.53%,专利授权数量增速高于专利申请数量增速,技术创新产出质量不断提升。但与同一时期的高技术创新国家相比,中国的研发强度仍然较低,如图 4 - 3 所示。

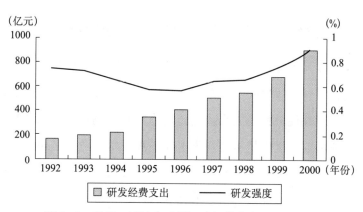

图 4 – 3　1992～2000 年中国研发经费支出及研发强度

资料来源：《中国科技统计年鉴（1993～2001）》。

此阶段内，中国对外直接投资处于调整发展阶段。受国际、国内局势变化影响，中国对外直接投资不断调整，投资规模波动较大。1992 年，邓小平发表南方谈话，推动了中国企业对外直接投资"大胆地试，大胆地闯"，1992 年、1993 年的中国对外直接投资流量跨越式提升至 40 亿美元和 44 亿美元，投资规模较 1991 年的 9.13 亿元相比，实现了成倍增加。1994 年人民币对美元汇率下降至 1∶8.62（1993 年人民币对美元汇率为 1∶5.76），这导致中国对外直接投资流量大幅下降，1994 年对外直接投资流量减少至 20 亿美元，较 1993 年下降 54.55%；加之此时的中国对外直接投资审批政策收紧，此后的中国对外直接投资规模一直保持小幅上升，增速放缓。1997 年，亚洲金融危机爆发，之后的一段时间内中国对外直接投资规模再次下降，2000 年中国对外直接投资流量下降至 9.16 亿美元。如图 4 – 4 所示。

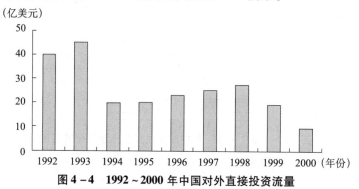

图 4 – 4　1992～2000 年中国对外直接投资流量

资料来源：《1992～2000 年度中国对外直接投资统计公报》。

三、技术整合阶段的技术创新与对外直接投资

2001～2011 年是中国技术创新发展的整合阶段。2001 年，中国加入世界贸易组织后，对外开放进入了一个新的阶段。新阶段内科技发展的重要任务是强化技术创新并促进科技成果快速转化为富有市场竞争力的商品，是通过改造传统行业形成一批以技术创新为主导的高技术产业，是通过进一步扩大对外开放以实现在国际竞争中获得技术发展。在这一阶段，中国通过加大科技投入、整合自主研发能力与引进消化吸收国外先进技术，初步实现了高水平技术跨越。在研发经费投入方面，2001 年突破 1000 亿元，2009 年突破 5000 亿元，2011 年达到了 8687.01 亿元。在研发强度上，2002 年突破 1%，2011 年提升至 1.78%，同年的美国、日本、韩国、英国、法国、德国的研发强度分别为 2.77%、3.21%、3.59%、1.65%、2.19%、2.81%[1]，中国与发达国家的研发强度差距在不断缩小。中国专利申请数量以年均 24.88% 的增速高速增长，增速明显高于上一阶段，技术创新高度活跃，2011 年专利申请数量已经突破 150 万项，专利授权数量年均增速为 25.23%，2011 年专利授权数量为 88.4 万项。如图 4-5 所示。

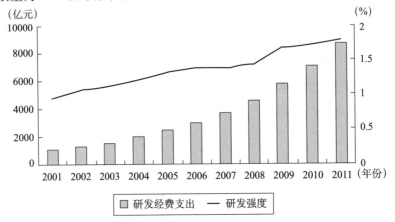

图 4-5　2001～2011 年中国研发经费支出及研发强度

资料来源：《中国科技统计年鉴（2002～2012）》。

---

① 原始数据来源于《国际统计年鉴 2012》，经笔者计算而得。

此阶段内的中国对外直接投资处于高速发展期。2002～2011年，中国对外直接投资流量由25.18亿美元增加至746.5亿美元，年均增速高达51.72%；对外直接投资存量由299亿美元增加至4247.8亿美元。2011年，中国对外直接投资流量和存量分别在全球排名第6位和第13位，而在2002年，这两项排名仅为第26位和第25位，前后对比的排名大幅提升。截至2011年，中国对发展中国家的对外直接投资存量为3781.4亿美元，占比为89%；对发达国家的对外直接投资存量为466.4亿美元，占比为11%。如图4-6所示。

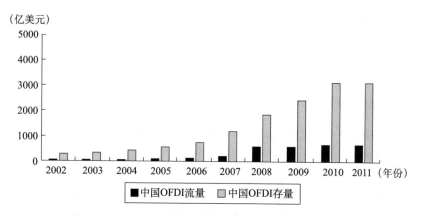

图4-6　2002～2011年中国对外直接投资流量及存量

资料来源：《2002～2011年度中国对外直接投资统计公报》。

此阶段内，中国对外直接投资行业分布范围有所增加，主要集中在商务服务业、采矿业、批发和零售业，如2011年的三个行业对外直接投资流量累计占比高达67.5%[①]；与2007年相比，2011年的商务服务业、采矿业、制造业、金融业投资占比均有所提高，批发和零售业、交通运输业投资占比下降较多，科学研究、计算机软件业对外直接投资占比一直较少（1%左右），这意味当时的中国对外直接投资结构有待优化。

四、自主创新阶段的技术创新与对外直接投资

2012～2020年，中国技术创新发展处于"自主创新阶段"。2012年党的

---

① 原始数据来源于《2011年度中国对外直接投资统计公报》，经笔者计算而得。

十八大提出"科技创新是提高社会生产力和综合国力的战略支撑，必须摆在国家发展全局的核心位置"，2016 年《国家创新驱动发展战略纲要》提出"到 2020 年进入创新型国家行列"。在这一阶段，中国深入实施创新驱动发展战略，不断提升自主创新水平，技术创新能力实现跨越式发展，成功迈入创新型国家行列。2012～2020 年，中国研发经费支出以年均 11.39% 的增速增长，增速较前两个阶段有所放缓。2012 年，中国研发经费支出突破 10000 亿元，2019 年突破 20000 亿元，2020 年进一步增长至 24393.11 亿元，全球排名第 2 位，仅次于美国；研发强度在 2014 年首次突破 2%，2020 年上升至 2.4%。专利申请数量和授权数量也不断创新高，2020 年，中国专利申请数量和授权数量分别为 501.6 万项和 352.1 万项，分别较 2012 年上升了 162.3% 和 202.7%[①]。如图 4-7 所示。

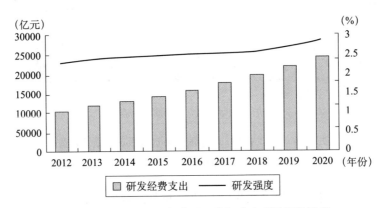

图 4-7 2012～2020 年中国研发经费支出及研发强度

资料来源：《中国科技统计年鉴（2013～2021）》。

此阶段内的中国对外直接投资处于健康发展期。2013 年"一带一路"倡议标志着中国从顺应国际投资环境向主动营造国际投资环境的角色转变。2015 年，中国对外直接投资流量为 1456.7 亿美元，全球排名第 2 位，首次超过吸收外资水平，成为资本净输出国。2020 年，全球对外直接投资规模急速下降，中国对外直接投资流量逆全球趋势增长，达 1537.1 亿美元，首次位居全球第 1 位。如图 4-8 所示。

---

① 原始数据来源于《中国统计年鉴（2013～2021）》，经笔者计算而得。

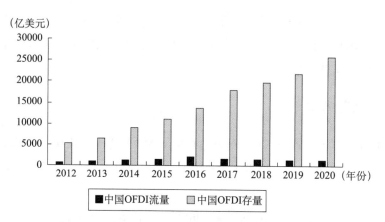

图 4 – 8 2012～2020 年中国对外直接投资流量及存量

资料来源：《2012～2020 年度中国对外直接投资统计公报》。

此阶段内的中国对外直接投资流量的行业分布发生明显变化。商务服务业、采矿业占比有所下降，信息技术服务业、金融业与科学研究领域占比有所上升，中国对外直接投资的行业分布结构不断优化。

第四节 中国对外直接投资逆向技术溢出效应的存在性检验

赵伟（2006）等较早对中国对外直接投资与技术进步的关系进行实证性检验，研究结果表明：中国对外直接投资存在逆向技术溢出效应，尤其在对R&D 资源丰富的东道国进行投资时该效应更为明显。狄振鹏和李世美（2020）也认为，中国对外直接投资存在显著的逆向技术溢出效应。周经和黄凯（2020）利用空间杜宾模型，基于 2007～2016 年 30 个省份（不含西藏及港澳台地区）的面板数据进行实证研究发现，中国对外直接投资逆向技术溢出对区域创新能力的影响呈现异质性，中西部地区对外直接投资逆向技术溢出对区域创新能力的促进作用明显大于东部地区。与上述不同，还有一批学者的研究结论证明，中国对外直接投资逆向技术溢出效应不显著或不存在，如尹东东和张建清（2016）利用 2003～2012 年省际面板数据，通过 GMM 估计法的实证研究发现，中国对外直接投资逆向技术溢出效应尚不存在；殷朝华等（2017）利用2004～2014年中国省际面板数据的实证研究发现，对外直接投资对中国自主创新产生了显著的负效应。这里，我们将重点考察中国对外直接投资逆向技术溢出效应的存在性。

一、计量模型

借鉴科伊和赫尔普曼（Coe & Helpman，1995）的 C－H 模型、波茨伯格和利希滕贝格（Pottelsberghe & Lichtenberg，2001）的 P－L 模型，构建以下基本模型：

$$\ln Ino_{it} = c + \alpha_1 \ln S_{it}^{rd} + \alpha_2 \ln S_{it}^{ofdin} + \alpha_3 \ln H_{it} + u_i + \varepsilon_{it} \tag{4-1}$$

其中，i 代表省份，t 代表年份，Ino_{it} 代表 i 省 t 年的技术创新水平，S_{it}^{rd} 代表 i 省 t 年的国内研发资本存量，S_{it}^{ofdin} 代表 i 省 t 年通过对外直接投资渠道从不同国家获得的国外研发资本溢出，H_{it} 代表 i 省 t 年的人力资本存量，c 为常数项，α_1、α_2、α_3 为各解释变量的系数，u_i 为个体效应，ε_{it} 为随机误差项。

二、变量选择和数据说明

关于样本的选择。为了比较来自不同技术创新水平东道国外溢的 R&D 存量如何影响中国技术创新水平，这里将中国对外直接投资的目标国分为发达国家和发展中国家进行区分研究。考虑到对外直接投资规模以及研发强度数据的可获得性，我们选择了 19 个发达国家和 9 个发展中国家，19 个发达国家分别为瑞典、美国、英国、荷兰、丹麦、芬兰、新加坡、德国、韩国、法国、以色列、日本、加拿大、卢森堡、奥地利、挪威、意大利、西班牙、波兰，9 个发展中国家分别为俄罗斯、印度、墨西哥、蒙古国、南非、巴西、哈萨克斯坦、阿根廷、乌兹别克斯坦。各国 2020 年的全球创新指数如表 4－1 所示，全球创新指数得分越高，创新能力越强，2020 年中国全球创新指数为 53.28，全球排名第 14 位。

表 4－1　　　　　　　　　　　　2020 年全球创新指数

排名	国家	得分	排名	国家	得分
2	瑞典	62.47	19	奥地利	50.13
3	美国	60.56	20	挪威	49.29

排名	国家	得分	排名	国家	得分
4	英国	59.78	28	意大利	45.74
5	荷兰	58.76	30	西班牙	45.60
6	丹麦	57.53	38	波兰	39.95
7	芬兰	57.02	47	俄罗斯	35.60
8	新加坡	56.61	48	印度	35.59
9	德国	56.55	55	墨西哥	33.60
10	韩国	56.11	58	蒙古国	33.41
12	法国	53.66	60	南非	32.67
13	以色列	53.55	62	巴西	31.94
16	日本	52.7	77	哈萨克斯坦	28.56
17	加拿大	52.26	80	阿根廷	28.33
18	卢森堡	50.84	92	乌兹别克斯坦	24.85

资料来源：《2020 年全球创新指数报告》，世界知识产权组织（WIPO）。

1. 技术创新水平

这里选取专利授权数量来衡量技术创新水平（Ino_{it}）。各省份历年专利授权数据来源于《中国科技统计年鉴》。

2. 国内研发资本存量

采用永续盘存法计算各省份的研发资本存量（S_{it}^{rd}），计算公式如下：

$$S_{it}^{rd} = (1-\delta)\, S_{i(t-1)}^{rd} + RD_{it} \qquad (4-2)$$

其中，S_{it}^{rd} 和 $S_{i(t-1)}^{rd}$ 分别为 i 省 t 年和 $t-1$ 年的国内 R&D 资本存量，RD_{it} 为 i 省 t 年的 R&D 经费支出，δ 为 R&D 资本折旧率，δ 取 5%。各省份基年（2004年）① R&D 资本存量的计算方法如下：

$$S_{i2004}^{rd} = \frac{RD_{i2004}}{g+\delta} \qquad (4-3)$$

---

① 我国商务部从 2003 年开始公布《中国对外直接投资统计公报》，但中国在不同国家（地区）的对外直接投资存量以及我国各地对外直接投资存量数据始于 2004 年，同时世界银行各国（地区）的 R&D 强度数据公布到 2018 年，因此，这里的样本区间为 2004~2018 年，研究样本为中国 30 个省份（剔除西藏和港澳台地区）。

其中，S^{rd}_{i2004} 为 i 省 2004 年的 R&D 资本存量，RD_{i2004} 为 i 省 2004 年的研发经费支出，g 为各省份 2004~2018 年 R&D 经费支出的算术平均年增长率，δ 取 5%。各省份历年 R&D 经费支出数据来源于《中国科技统计年鉴》。

3. 通过对外直接投资渠道溢出的国外研发资本存量（S^{ofdi}_{it}）

借鉴波茨伯格和利希滕贝格（2001）的做法，计算通过对外直接投资渠道溢出的国外研发资本存量，具体公式如下：

$$S^{ff}_i = \sum \frac{F_{ij}}{K_j} S_{jd} \tag{4-4}$$

其中，S^{ff}_i 代表 i 国通过对外直接投资渠道获得的国外研发资本溢出，F_{ij} 代表 i 国对 j 国的对外直接投资流量，K_j 代表 j 国的固定资本形成总额。由于对外直接投资流量是短期内增量数据，具有波动性，有出现负值的情况，为了研究对外直接投资逆向技术溢出的长期效应，这里以对外直接投资存量衡量中国对外直接投资规模，并且采用大多数国内学者的做法，以 GDP 替换固定资本形成总额，则有：

$$S^{ofdi_1}_t = \sum \frac{OFDI_{jt}}{GDP_{jt}} S_{jt} \tag{4-5} \qquad S^{ofdi_2}_t = \sum \frac{OFDI_{kt}}{GDP_{kt}} S_{kt} \tag{4-6}$$

其中，$S^{ofdi_1}_t$ 代表中国 t 年通过对外直接投资从瑞典等 19 个高创新水平的发达国家获得的国外 R&D 资本存量，S_{jt} 代表 j 国（19 个发达国家）t 年的国内 R&D 资本存量，$S^{ofdi_2}_t$ 代表中国 t 年通过对外直接投资从俄罗斯等 9 个发展中国家获得的国外 R&D 资本存量，S_{kt} 代表 k 国（9 个发展中国家）t 年的国内 R&D 资本存量。S_{jt}，S_{kt} 的计算方法与中国各省份 R&D 资本存量（S^{rd}_{it}）的计算方法相同。中国对外直接投资数据来源于《中国对外直接投资公报》，各国 GDP 和 R&D 经费支出数据来源于世界银行数据库。运用各省份面板数据进行分析时，由于无法获得中国各省份对其他国家的对外直接投资存量，这里以各省份对外直接投资存量占比作为权重来计算中国各省份通过对外直接投资渠道获得的各国 R&D 资本存量（S^{ofdi}_{it}）。

4. 人力资本存量（H_{it}）

采用靳巧花和严太华（2019）的方法，这里利用劳动力平均受教育年限测算人力资本存量，将小学、初中、高中、大专及以上的受教育年限分别记为 6 年、9 年、12 年、16 年，各省人力资本存量（H_{it}）计算公式为：

$$H_{it} = 6Pri_{it} + 9Jun_{it} + 12Sen_{it} + 16Uni_{it} \qquad (4-7)$$

其中，H_{it} 代表 i 省 t 年的人力资本存量，Pri_{it}、Jun_{it}、Sen_{it}、Uni_{it} 分别代表 i 省 t 年就业人员中受小学教育比重、受初中教育比重、受高中教育比重、受大专及以上教育比重。各省就业人员受教育程度比重来源于《中国劳动统计年鉴》。

以上变量选取范围为我国 30 个省份（不含西藏及港澳台地区）的 2004～2018 年数据。为了减少异方差影响，对变量取对数，并利用 Stata16 软件对各变量进行描述性统计，结果如表 4-2 所示。$\ln Ino$ 与 $\ln S_t^{ofdi_1}$、$\lim S_t^{ofdi_2}$ 的散点趋势参见图 4-9，可以发现：无论是中国对发达国家还是对发展中国家的对外直接投资中 $\ln Ino$ 与 $S_{it}^{ofdi_n}$ 均呈正相关关系。

表 4-2　对外直接投资逆向技术溢出效应存在性检验的各变量描述性统计

变量	样本数（份）	平均值	标准差	最小值	最大值
$\ln Ino$	450	9.178	1.654	4.248	13.08
$\ln S^{rd}$	450	11	1.563	6.65	14.19
$\ln S^{ofdi_1}$	450	6.533	2.343	-0.467	11.65
$\ln S^{ofdi_2}$	450	4.028	2.233	-3.229	8.757
$\ln H$	450	2.226	0.124	1.865	2.515

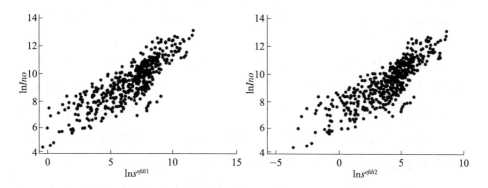

图 4-9　$\ln Ino$ 与 $\ln S_t^{ofdi_1}$、$\ln S_t^{ofdi_2}$ 的散点图

三、模型估计

在使用面板数据进行实证检验时，通常有三种模型可以选择：混合 OLS 模型、固定效应模型以及随机效应模型。首先，利用 F 检验判断混合 OLS 模型和固定效应模型的取舍，投资目标国为发达国家的面板模型 F 检验结果显示 F 统计值为 38.84，投资目标国为发展中国家的面板模型 F 检验结果显示 F 统计值为 39.72，均拒绝使用混合 OLS 模型的原假设；其次，利用 Hausman 检验判断固定效应模型和随机效应模型的取舍，发达国家和发展中国家的 Hausman 检验结果均显示 p 值小于 0.05，拒绝随机效应模型更优的原假设，因此，选择固定效应模型进行检验。利用 2004~2018 年我国 30 个省份（不含西藏及港澳台地区）的面板数据对模型（4-1）进行检验，结果如表 4-3 所示。

表 4-3　　　　　对外直接投资逆向技术溢出效应存在性检验结果

变量	(1)	(2)
$\ln S^{rd}$	0.636 *** (12.64)	0.680 *** (14.22)
$\ln S^{ofdi_1}$	0.117 *** (5.31)	
$\ln S^{ofdi_2}$		0.089 *** (4.61)
$\ln H$	2.066 *** (6.32)	2.459 *** (7.54)
c	-3.180 *** (-5.12)	-4.132 *** (-7.69)

注：*** 表示 $p < 0.01$。

从表 4-3 可以看出：从投资目标国为发达国家的实证结果来看，$\ln S^{ofdi_1}$ 的系数为 0.117，且在 1% 的水平上显著，表明中国对发达国家的对外直接投资存在显著的逆向技术溢出效应。从投资目标国为发展中国家的实证结果来看，$\ln S^{ofdi_2}$ 的系数为 0.089，且在 1% 的水平上显著，表明中国对发展中国家的对外直接投资也存在显著的逆向技术溢出效应。比较表 4-3 中列（1）和列（2）的 $\ln S^{ofdi}$ 系数可知，中国对发达国家进行对外直接投资的逆向技术溢出效应大于对发展中国家的逆向技术溢出效应，通过对高技术创新水平的发达国家进行对外直接投资，中国技术创新水平能够得到更明显的提高，获益更多。$\ln S^{rd}$、$\ln H$ 的系数在列（1）和列（2）中均为正，且在 1% 的水平上显著，表明中国国内研发资本存量和人力资本存量是促进技术创新水平提升的重要因素。从系数大小来看，无论投资目标国是发达国家还是发展中国家，都有 $\ln H$ 的系数最大，$\ln S^{rd}$ 的系数次之，$\ln S^{ofdi}$ 的系数最小，表明国内研发资本存量和人力资本存量对中国技术创新水平的提升作用大于逆向技术溢出效应，人力资本存量是正向影响中国技术创新水平的最主要因素。

四、稳健性检验

为了探究对外直接投资逆向技术溢出效应在中国不同地区之间是否存在异质性，这里根据国家统计局的划分标准，按照华北、东北、华东、中南、西南、西北六个地区①，利用分区域的面板数据对六大地区的对外直接投资逆向技术溢出效应进行检验，结果如表 4-4 所示。

表 4-4　　　　分区域的对外直接投资逆向技术溢出效应存在性检验结果

变量	华北		东北		华东	
	(3)	(4)	(5)	(6)	(7)	(8)
$\ln S^{rd}$	0.032 (0.23)	0.049 (0.27)	1.398 *** (7.62)	1.475 *** (9.01)	0.607 *** (3.6)	0.671 *** (4.11)
$\ln S^{ofdi_1}$	0.371 *** (6.46)		-0.037 (-0.77)		0.227 *** (2.96)	
$\ln S^{ofdi_2}$		0.314 *** (4.73)		-0.062 (-1.59)		0.179 *** (2.65)
$\ln H$	3.462 *** (3.37)	5.856 *** (4.2)	-2.696 * (-1.85)	-3.132 ** (-2.15)	0.953 (1.03)	1.718 * (1.77)
c	-1.848 (-1.10)	6.432 *** (-3.50)	-0.436 (-0.20)	-0.3 (-0.15)	-0.731 (-0.43)	-2.403 * (-1.69)

① 华北地区包括北京、天津、河北、山西以及内蒙古，东北地区包括辽宁、吉林、黑龙江，华东地区包括上海、江苏、浙江、安徽、福建、江西、山东，中南地区包括河南、湖北、湖南、广东、广西、海南，西南地区包括重庆、四川、贵州、云南，西北地区包括陕西、甘肃、青海、宁夏、新疆。

变量	中南		西南		西北	
	（9）	（10）	（11）	（12）	（13）	（14）
$\ln S^{rd}$	0.908 *** (16.65)	0.913 *** (-16.56)	0.739 *** (6.6)	0.806 *** (7.38)	0.519 *** (-3.57)	0.548 *** (-4.11)
$\ln S^{ofdi_1}$	-0.034 (-1.47)		0.099 * (1.95)		0.155 *** (-2.89)	
$\ln S^{ofdi_2}$		-0.032 (-1.57)		0.052 (1.23)		0.136 *** (-3.03)
$\ln H$	1.298 ** (2.42)	1.074 ** (2.02)	1.088 (1.57)	1.477 ** (2.18)	2.741 *** (-3.96)	3.170 *** (-4.67)
c	-3.267 *** (-3.43)	-2.916 *** (-3.44)	-1.557 (-1.23)	-2.677 ** (-2.59)	-4.192 *** (-3.01)	-4.970 *** (-4.28)

注：$***$、$**$、$*$分别表示 $p<0.01$、$p<0.05$、$p<0.1$。

从表 4 - 4 可以看出：华北地区检验结果中，$\ln S^{ofdi_1}$、$\ln S^{ofdi_2}$ 的系数均为正，且在 1% 的水平上显著，这表明华北地区通过对外直接投资渠道获得的发达国家 R&D 资本溢出效应以及发展中国家 R&D 资本溢出效应均能显著推动华北地区技术创新水平的提升，列（3）和列（4）中 $\ln S^{ofdi_1}$、$\ln S^{ofdi_2}$ 的系数分别为 0.371、0.314。对比全国层面检验结果中 $\ln S^{ofdi_1}$、$\ln S^{ofdi_2}$ 系数分别为 0.117 和 0.089，华北地区的对外直接投资逆向技术溢出效应明显远高于全国平均水平。东北地区检验结果中，$\ln S^{ofdi_1}$、$\ln S^{ofdi_2}$ 的系数均为负且不显著，这表明目前中国东北地区的对外直接投资并不存在逆向技术溢出效应，通过对外直接投资渠道获得的国外研发资本溢出效应对东北地区技术创新水平可能产生了一定的抑制作用。列（5）和列（6）中 $\ln H$ 系数均为负，表明东北地区人力资本存量对技术创新水平产生了负向影响，可能的解释是东北地区增加的人力资本存量并未对区域内技术创新作出贡献。近年来，东北地区一直存在着严重的人口流失与人口老龄化问题，2011 ~ 2020 年，东北地区年末常住人口累计减少超过 1 000 万[1]；2019 年，辽宁、吉林、黑龙江 65 岁及以上人口占比分别为 15.9%、13.3%、13.8%[2]，在人口流失与人口老龄化的双

---

[1] 参见《第七次全国人口普查公报》，国家统计局。

[2] 参见《中国统计年鉴 2020》。

重影响下，东北地区人力资本存量不足，制约了东北地区技术创新水平发展。从 $\ln S^{rd}$ 的系数来看，目前东北地区的研发资本存量是支撑东北地区技术创新水平提高的主要因素。华东地区检验结果中，$\ln S^{ofdi_1}$、$\ln S^{ofdi_2}$ 的系数分别为 0.227、0.179，且在 1% 水平上显著，表明华东地区的对外直接投资存在显著的逆向技术效应，通过对外直接投资渠道溢出的发达国家 R&D 资本存量每增加 1%，华东地区技术创新水平可提升 0.227%；通过对外直接投资渠道溢出的发展中国家 R&D 资本存量每增加 1%，华东地区技术创新水平可提升 0.179%，华东地区逆向技术溢出效应高于全国平均水平。在列（7）和列（8）中，$\ln S^{rd}$、$\ln H$ 的系数也均为正，并且大于 $\ln S^{ofdi}$ 的系数，表明华东地区研发资本存量和人力资本存量也是推动区域技术创新能力不断提高的重要因素，并且推动作用大于逆向技术溢出效应。中南地区检验结果中，$\ln S^{ofdi_1}$、$\ln S^{ofdi_2}$ 的系数分别为 -0.034、-0.032，且在统计上不显著，表明目前中南地区的对外直接投资并未对技术创新产生正向影响。虽然 2020 年广东对外直接投资存量为 2278.2 亿美元，排名全国第一，但河南、湖北、湖南、广西、海南五个省份的 2020 年对外直接投资累计存量还不到广东的 20%，与广东差距过大，并且河南、湖北、湖南、广西、海南的对外直接投资主要集中在交通运输仓储业、服务业、农林牧渔业，对研发资源密集行业的投资较少。仅依靠广东的对外直接投资无法带动整个中南地区获取逆向技术溢出效应。从国内研发投入和人力资本水平来看，$\ln S^{rd}$、$\ln H$ 的系数均为正，这说明国内研发投入及人力资本水平对中南地区技术创新水平具有正向促进作用。西南地区检验结果中，$\ln S^{ofdi_1}$ 对西南地区技术创新水平的影响系数为 0.099，在 10% 水平上显著，$\ln S^{ofdi_2}$ 对西南地区技术创新水平的影响系数为 0.052，在统计水平上不显著，这说明西南地区对发达国家对外直接投资存在显著的逆向技术溢出效应，对发展中国家对外直接投资的逆向技术溢出效应不显著。从系数值来看，目前西南地区的逆向技术溢出效应还比较微弱，低于全国平均水平。2020 年，重庆、四川、贵州、云南的对外直接投资存量分别在全国排名第 15 位、第 16 位、第 17 位以及第 29 位，对外直接投资绝对规模处于全国中下游水平；从对外直接投资占 GDP 比重（即相对规模）来看，西南地区对外直接投资存量占区域 GDP 比重仅为 1.9%①，在六大地区中最小，这在一定程度上限制了西南地区获取更大、更明显的逆向技术溢出效应。从 $\ln S^{rd}$、$\ln H$ 的系数来看，西南地区研发资本存量和人力资本存量同样对技术创新水平产生了积极影响。西北地区检验结果中，西北地区无论是从发达国家获取的 R&D 资本溢出效应还是从发展中国家获取的 R&D 资本溢出效应，都对西北地区的技术创新水平产生了明显的助推作用，并且其作用高于全国平均水平。西北地区虽然远离沿海，整体经济发展水平、对外直接投资规模在全国范围内仅位于东北地区之上，但西北地区在"一带一路"建设中具有明显的区位优势，既是向西开放的前沿，又是链接国内东部地区和亚洲国家的枢纽，这里的实证结果表明，西北地区抓住了"一带一路"建设带来的机遇。此外，西北地区的研发资本存量和人力资本存量对技术创新水平也存在正向积极作用。

根据上述分析可知，中国对外直接投资逆向技术溢出效应在国内六大地区存在明显的地区差异，华北、华东地区逆向技术溢出效应最大并且高于全国平均水平，西北地区次之，西南地区最小，而东北和中南地区目前并不存在统计上显著的逆向技术溢出效应。

第五节　中国对外直接投资逆向技术溢出效应的影响因素检验

逆向技术溢出效应的影响因素研究主要集中在吸收能力、技术差距、制度环境等方面，如宋勇超（2015）研究发现，投资母国的吸收能力是有差异的，只有跨越了研发资本存量和人力资本存量的门槛，对外直接投资才会真正地对母国全要素生产率形成促进作用；霍忻（2016）认为，加强研发投入、提高人力资本储备水平，可以在更大程度上提升对外直接投资逆向技术溢出效应的吸收能力；尹建华和周鑫悦（2014）研究发现，技术差距在逆向技术溢出中确实存在影响，中国各省份按技术差距可分为低技术差距地区、

---

① 笔者依据《中国统计年鉴 2021》数据计算而得。

中技术差距地区与高技术差距地区，正的逆向技术溢出效应主要存在于高技术差距地区，而中技术差距地区的技术溢出效应为负。韩慧和赵国浩（2018）从技术差距视角实证检验了中国对外直接投资逆向技术溢出与国内创新能力之间的关系；衣长军等（2015）探究了以法制化水平、知识产权保护力度和政府治理水平衡量的制度环境对中国对外直接投资逆向技术溢出的影响，结果表明，法制化水平、知识产权保护力度对逆向技术溢出的影响存在门槛效应。这里，我们将对此展开实证检验。

一、计量模型

前面的实证结果表明，中国通过对外直接投资获取的发达国家与发展中国家的研发资本溢出效应均对中国技术创新水平存在显著的助推作用，但这种助推作用与国内研发投入以及人力资本相比，影响较微弱，并且在六大地区之间的逆向技术溢出效应也存在着明显差异。实际上，影响对外直接投资逆向技术溢出效应的因素众多，目前的学者们基于吸收能力角度开展了大量研究。此外，制度环境也是影响对外直接投资发展规模与质量的重要因素，优良的制度环境为企业"走出去"提供了强有力的支持和保障，能够加快企业"走出去"的步伐。但是，学者们对制度环境如何影响对外直接投资逆向技术溢出的探究还较少，因此，这里将重点探究以知识产权保护强度、金融发展水平、政府科技扶持力度及教育扶持力度衡量的制度环境对中国对外直接投资逆向技术溢出效应的影响。

首先，将制度环境变量（$\ln H_{it}$）与对外直接投资渠道下外溢的国外 R&D 资本存量的交互项（$x_{it}\ln S_{it}^{ofdi_n}$）引入模型（4-1）中，探究制度环境对中国对外直接投资逆向技术溢出的线性影响，形成式（4-8），具体如下：

$$\ln Ino_{it} = c + \alpha_1 \ln S_{it}^{rd} + \alpha_2 \ln S_{it}^{ofdi_n} + \alpha_3 \ln H_{it} + \alpha_4 x_{it} \ln S_{it}^{ofdi_n} + u_i + \varepsilon_{it} \qquad (4-8)$$

其次，大多数学者的研究表明，吸收能力对中国对外直接投资逆向技术溢出存在门槛效应，即吸收能力对逆向技术溢出效应的影响不是简单的线性影响，而是非线性的，跨越门槛值和未跨越门槛值两种情况下的影响程度明显不同。为了探究制度环境对对外直接投资逆向技术溢出效应是否也存在非线性影响，这里借鉴 Hansen 的门槛模型，建立以制度环境为门槛变量的门槛回归模型，具体如下：

$$\ln Ino_{it} = c + \alpha_1 \ln S_{it}^{rd} + \beta_1 \ln S_{it}^{ofdi_n} I(x_{it} \leq \gamma) + \beta_2 \ln S_{it}^{ofdi_n} I(x_{it} > \gamma) + \alpha_2 \ln H_{it} + u_i + \varepsilon_{it}$$

$$(4-9)$$

$$\ln Ino_{it} = c + \alpha_1 \ln S_{it}^{rd} + \beta_1 \ln S_{it}^{ofdi_n} I(x_{it} \leq \gamma_1) + \beta_2 \ln S_{it}^{ofdi_n} I(\gamma_1 < x_{it} \leq \gamma_2) +$$

$$\beta_3 \ln S_{it}^{ofdi_n} I(x_{it} > \gamma_2) + \alpha_2 \ln H_{it} + u_i + \varepsilon_{it} \qquad (4-10)$$

模型（4-8）和模型（4-9）中，$\ln Ino_{it}$、$\ln S_{it}^{rd}$、$\ln S_{it}^{ofdi_n}$、$\ln H_{it}$、c、u_i、ε_{it} 含义与前述相同，x_{it} 代表 i 省 t 年的不同的制度环境指标，γ、γ_1、γ_2 代表待估计的制度环境门槛值，β_1、β_2、$\cdots$，β_{2n} 代表制度环境指标位于不同门槛值范围内时中国获取的国外研发溢出对国内技术创新水平的影响系数，I 为指示函数，当括号内的条件满足时，I 取 1；反之，I 取 0。

二、变量选择和数据说明

1. 知识产权保护强度（Ipr_{it}）

靳巧花和严太华（2019）认为，知识产权保护强度是支持对外直接投资的重要环境制度。目前，衡量知识产权保护强度的指标主要有知识产权保护强度指数（GP 指数）、专利侵权纠纷案件结案率以及技术市场成交额占 GDP 比重。胡凯等（2012）认为，GP 指数主观性较强，专利侵权纠纷案件结案率对质量维度反映不够，相比较而言，技术市场成交额占 GDP 比重具有较好的客观性和综合性。基于该认知，这里以技术市场成交额占 GDP 比重来衡量知识产权保护强度（Ipr_{it}）。各省份技术市场成交额和 GDP 数据分别来源于《中国科技统计年鉴》和《中国统计年鉴》。

2. 金融发展水平（Fin_{it}）

借鉴李梅等（2014）的方法，以金融机构贷款余额占 GDP 比重来衡量金融发展水平（Fin_{it}）。各省份金融机构贷款余额数据来源于各省份统计年鉴，GDP 数据来源于《中国统计年鉴》。

3. 科技支持力度（Tec_{it}）

政府对科技的支持力度往往体现在政府出台的科技扶持政策以及相关财政支出方面，其中的科技扶持政策很难具体量化，这里借鉴李梅等（2014）的方法，以地方财政科技支出占财政支出比重作为衡量政府对科技支持力度（Tec_{it}）的指标。相关数据来源于《中国科技统计年鉴》。

4. 教育支持力度（Edu_{it}）

教育经费支出是衡量政府对教育支持力度的常用指标，一般认为，高等教育在教育体系中尤为重要，因此，这里以高等学校生均教育经费支出来衡量政府教育支持力度（Edu_{it}）。各省高等学校生均教育经费支出数据来源于《中国教育经费统计年鉴》。

样本区间为 2004～2018 年，研究样本来自我国 30 个省份（不含西藏和港澳台地区）。对所有变量取自然对数，各变量描述性统计如表 4－5 所示。

表 4－5　　对外直接投资逆向技术溢出效应影响因素检验的各变量描述性统计

变量	样本数（份）	平均值	标准差	最小值	最大值
$\ln Ino$	450	9.178	1.654	4.248	13.08
$\ln S^{rd}$	450	11	1.563	6.65	14.19
$\ln S^{ofdi_1}$	450	6.533	2.343	－0.467	11.65
$\ln S^{ofdi_2}$	450	4.028	2.233	－3.229	8.757
$\ln H$	450	2.226	0.124	1.865	2.515
Ipr	450	0.0109	0.0215	0.00018	0.15
Fin	450	1.262	0.441	0.585	2.551
Tec	450	0.0171	0.0138	0.00224	0.072
$\ln Edu$	450	0.701	0.453	－0.286	2.005

三、实证分析

1. 影响因素的交互作用分析

为了初步探究制度环境对中国对外直接投资逆向技术溢出的影响，这里运用式（4－8）进行实证分析，具体结果如表 4－6、表 4－7 所示。

表 4－6　　制度环境对中国从发达国家获取逆向技术溢出效应的影响检验结果

变量	(15)	(16)	(17)	(18)
$\ln S^{rd}$	0.655 ***	0.627 ***	0.581 ***	0.592 ***
	(13.5)	(－12.47)	(－11.33)	(－11)
$\ln S^{ofdi_1}$	0.088 ***	0.094 ***	0.109 ***	0.106 ***
	(4.04)	(－3.84)	(－5.01)	(－4.76)
$\ln H$	2.153 ***	1.988 ***	2.290 ***	1.943 ***
	(6.83)	(－6.06)	(－7.03)	(－5.89)

续表

变量	(15)	(16)	(17)	(18)
$Ipr \times \ln S^{ofdi_1}$	0.803 *** (5.86)			
$Fin \times \ln S^{ofdi_1}$		0.016 ** (−2.07)		
$Tec \times \ln S^{ofdi_1}$			0.821 *** (−4.06)	
$\ln Edu \times \ln S^{ofdi_1}$				0.021 ** (−2.27)
c	− 3.465 *** (−5.78)	− 2.900 *** (−4.58)	− 3.124 *** (−5.12)	− 2.464 *** (−3.55)

注：***、**分别表示 $p < 0.01$、$p < 0.05$。

表4−7　　　制度环境对中国从发展中国家获取逆向技术溢出效应的影响检验结果

变量	(19)	(20)	(21)	(22)
$\ln S^{rd}$	0.674 *** (−14.65)	0.661 *** (−13.73)	0.630 *** (−12.85)	0.612 *** (−11.57)
$\ln S^{ofdi_2}$	0.071 *** (−3.81)	0.059 *** (−2.61)	0.080 *** (−4.22)	0.084 *** (−4.39)
$\ln H$	2.519 *** (−8.03)	2.392 *** (−7.35)	2.658 *** (−8.16)	2.384 *** (−7.35)
$Ipr \times \ln S^{ofdi_2}$	1.063 *** (−5.88)			
$Fin \times \ln S^{ofdi_2}$		0.026 ** (−2.43)		
$Tec \times \ln S^{ofdi_2}$			1.005 *** (−3.66)	
$\ln Edu \times \ln S^{ofdi_2}$				0.033 *** (−2.89)
c	− 4.192 *** (−8.11)	− 3.794 *** (−6.88)	− 4.082 *** (−7.71)	− 3.316 *** (−5.50)

注：***、**分别表示 $p < 0.01$、$p < 0.05$。

分析结果表明：关于发达国家与发展中国家的两个检验模型中，涉及 $\ln S^{ofdi_1}$ 和 $\ln S^{ofdi_2}$ 的所有交互项系数均为正，说明知识产权保护、金融发展、科技支持、教育支持均能产生积极的对外直接投资逆向技术溢出效应。具体来看：

就知识产权保护强度而言，$Ipr \times \ln S^{ofdi_1}$、$Ipr \times \ln S^{ofdi_2}$ 的系数分别为 0.803

和1.063，说明知识产权保护强度越高，越有利于对外直接投资逆向技术溢出。一般认为，获取先进技术、学习前沿创新方法是中国企业"走出去"的主要目的，对于积极实施对外直接投资的企业而言，国内知识产权保护强度越高，越能保护其从国外反馈至国内的技术创新成果，帮助其在国内建立技术壁垒，进一步提高跨国公司的创新积极性[①]。

就金融发展水平而言，$Fin \times \ln S^{ofdi_1}$、$Fin \times \ln S^{ofdi_2}$的系数分别为0.016和0.026，说明金融发展水平对对外直接投资逆向技术溢出的影响为正。金融发展水平决定了企业融资的难易程度，金融发展水平越高，企业融资的效率越高，良好的金融发展水平为企业进行对外直接投资所需要的大量资金提供了融资保障，进而促进了对外直接投资逆向技术溢出效应发挥。

就科技支持力度而言，$Tec \times \ln S^{ofdi_1}$、$Tec \times \ln S^{ofdi_2}$的系数分别为0.821和1.005，说明科技支持力度对对外直接投资逆向技术溢出效应具有推动作用。政府对科技发展的重视会帮助企业在开展研发活动时获取更多的政府资源和政策优惠，进一步促进企业加大研发投入。随着企业对先进技术的学习和吸收能力增加，逆向技术溢出效应随之增强。

就教育支持力度而言，$\ln Edu \times \ln S^{ofdi_1}$、$\ln Edu \times \ln S^{ofdi_2}$的系数分别为0.021和0.033，说明教育支持力度正向助推对外直接投资逆向技术溢出。高等教育通过培育高素质人才，进而提高人力资本水平，政府对高等教育的支持力度越强，越能加快人力资本水平的提升，进而促进对外直接投资逆向技术溢出效应。

2. 影响因素的门槛效应分析

（1）知识产权保护强度的门槛效应分析

首先，对知识产权保护强度进行门槛检验，估计结果如表4-8所示。结果显示：在核心解释变量为$\ln S^{ofdi_1}$、$\ln S^{ofdi_2}$的两个门槛模型中，知识产权保护强度均通过了双门槛检验，即知识产权保护强度对我国对外直接投资逆向技术溢出效应存在非线性影响。具体的门槛值估计结果如表4-9所示，在对发达国家进行的对外直接投资中，知识产权保护强度的两个门槛值分别为

---

① 李勃昕、韩先锋、李宁：《知识产权保护是否影响了中国OFDI逆向创新溢出效应?》，载于《中国软科学》2019年第3期，第46~60页。

0.0019 和 0.0212；在对发展中国家进行的对外直接投资中，知识产权保护强度的两个门槛值分别为 0.0019 和 0.0206。

表 4 – 8   以知识产权保护强度为门槛变量的门槛检验结果

核心解释变量	门槛变量	门槛类型	F	p
$\ln S^{ofdi_1}$	Ipr	单门槛检验	35.84	0.020
		双门槛检验	21.76	0.063
$\ln S^{ofdi_2}$	Ipr	单门槛检验	33.31	0.037
		双门槛检验	22.74	0.077

表 4 – 9   知识产权保护强度的门槛值估计结果

核心解释变量	门槛变量	门槛类型	γ_1	γ_2
$\ln S^{ofdi_1}$	Ipr	双门槛	0.0019	0.0212
$\ln S^{ofdi_2}$	Ipr	双门槛	0.0019	0.0206

然后，对知识产权保护强度进行门槛回归分析，实证结果如表 4 – 10 所示。

表 4 – 10   知识产权保护强度的门槛回归结果

变量	(23)	(24)
$\ln S^{rd}$	0.658 ***	0.682 ***
	(13.84)	(15.09)
$\ln S^{ofdi_1} I(Ipr \leqslant \gamma_1)$	0.079 ***	
	(3.73)	
$\ln S^{ofdi_1} I(\gamma_1 < Ipr \leqslant \gamma_2)$	0.114 ***	
	(5.31)	
$\ln S^{ofdi_1} I(Ipr > \gamma_2)$	0.148 ***	
	(7.00)	
$\ln S^{ofdi_2} I(Ipr \leqslant \gamma_1)$		0.048 **
		(2.50)
$\ln S^{ofdi_2} I(\gamma_1 < Ipr \leqslant \gamma_2)$		0.097 ***
		(5.18)
$\ln S^{ofdi_2} I(Ipr > \gamma_2)$		0.146 ***
		(7.21)
$\ln H$	1.758 ***	2.182 ***
	(5.65)	(7.01)
c	– 2.710 ***	– 3.567 ***
	(– 4.57)	(– 6.92)

注：*** 表示 $p < 0.01$。

从表 4 - 10 中可以看出：从投资目标国为发达国家的实证检验结果来看，当知识产权保护强度低于 0.19% 时，$\ln S^{ofdi_1}$ 的系数为 0.079；当知识产权保护强度处于 0.19% 至 2.12% 这个区间时，$\ln S^{ofdi_1}$ 的系数为 0.114；当知识产权保护强度高于 2.12% 时，$\ln S^{ofdi_1}$ 的系数为 0.148。随着知识产权强度不断提高，逆向技术溢出效应也不断增大。从投资目标国为发展中国家的实证检验结果来看，当知识产权保护强度低于 0.19%、高于 0.19% 低于 2.06%、高于 2.06% 时，对外直接投资渠道下发展中国家 R&D 资本溢出对中国技术创新水平的影响系数分别为 0.048、0.097、0.146，每个阶段下的影响系数均低于发达国家研发资本溢出对技术创新的正向作用。

可见，在知识产权保护强度的影响下，通过对外直接投资获取的国外研发资本溢出对中国技术创新水平的正向推动作用可分为三个阶段：第一阶段，知识产权保护强度低于第一个门槛值，对外直接投资渠道下国外研发资本溢出对国内技术创新的推动作用较小；第二阶段，知识产权保护强度跨越第一个门槛值，对外直接投资渠道下国外研发资本溢出对国内技术创新的推动作用开始加速；第三阶段，知识产权保护强度跨越第二个门槛值，对外直接投资渠道下国外研发资本溢出对国内技术创新的推动作用大幅提升，随着知识产权保护强度不断提高，依次跨越两个门槛值，三个阶段的推动作用呈阶梯式增强。近年来，随着不断加强知识产权保护的行政执法力度，中国知识产权保护成效显著。2020 年中国知识产权保护的社会满意度已经达到了 80.05 分，与 2016 年相比增加了 10.6%[1]。这说明，随着中国专利制度不断完善以及对专利侵权行为的严厉打击，"走出去"企业付出高额成本学习到的先进技术以及在此基础上进行的自主创新成果得到了有效保护，进一步促进了企业"走出去"获取显著的逆向技术溢出效应的积极性。

表 4 - 11 列出了中国对发达国家进行对外直接投资时，国内各地区 2020 年知识产权保护强度跨越门槛值的情况。目前，仅有新疆未跨越第一个门槛值，河北、山西等 17 个地区的知识产权保护强度处于第二阶段的两个门槛值之间，北京、天津等 12 个省份的知识产权保护强度已经跨越了第二个门槛

① 《2020 年中国知识产权保护状况》白皮书，国家知识产权局出版，https：// www.cnipa.gov.cn/ art/2021/4/25/art_ 91_ 158742. html。

值。大部分地区的知识产权保护强度对对外直接投资逆向技术溢出效应的推动作用处于第二阶段。

表 4 – 11　　　　　2020 年各省份知识产权保护强度跨越门槛值情况

门槛区间	省份
$Ipr \leq \gamma_1$	新疆
$\gamma_1 < Ipr \leq \gamma_2$	河北、山西、内蒙古、黑龙江、江苏、安徽、福建、江西、河南、湖南、广西、海南、重庆、贵州、云南、青海、宁夏
$Ipr > \gamma_2$	北京、天津、辽宁、吉林、上海、浙江、山东、湖北、广东、四川、陕西、甘肃

（2）金融发展水平的门槛效应分析

对金融发展水平进行门槛检验，结果如表 4 – 12 所示。在核心解释变量为 $\ln S^{ofdi_1}$、$\ln S^{ofdi_2}$ 的两个门槛模型中，金融发展水平均未通过单门槛检验，这表明中国金融发展水平对对外直接投资逆向技术溢出的影响不存在门槛效应。目前中国的金融发展水平能够促进对外直接投资逆向技术溢出，但这种促进作用还未发生量变。中国还是一个处于转型期的发展中国家，金融体系"扭曲"导致了金融效率低下，虽然温和渐进式的金融改革使得中国金融体系发展趋于平稳，但这种改革方式仍然保留了一部分金融"扭曲"，还需要通过提高国有企业内生性能力来逐步消除金融"扭曲"[①]，尚未完全消除的金融"扭曲"可能是阻碍中国金融发展水平对逆向技术溢出的影响产生量变的主要原因。

表 4 – 12　　　　　以金融发展水平为门槛变量的门槛检验结果

核心解释变量	门槛变量	门槛类型	F	p
$\ln S^{ofdi_1}$	Fin	单门槛检验	8.76	0.720
$\ln S^{ofdi_2}$	Fin	单门槛检验	11.71	0.533

（3）科技支持力度的门槛效应分析

首先，对科技支持力度进行门槛检验，结果如表 4 – 13 所示。在核心解释变量为 $\ln S^{ofdi_1}$、$\ln S^{ofdi_2}$ 的两个门槛模型中，科技支持力度通过了单门槛检

---

① 张一林、林毅夫、朱永华：《金融体系扭曲、经济转型与渐进式金融改革》，载于《经济研究》2021 年第 11 期，第 14~29 页。

验，未通过双门槛检验。具体的门槛值估计结果如表 4 – 14 所示，无论是对发达国家还是对发展中国家的对外直接投资，政府科技支持力度的门槛值均为 0. 0163。

表 4 – 13　　　　以科技支持力度为门槛变量的门槛检验结果

核心解释变量	门槛变量	门槛类型	F	p
$\ln S^{ofdi_1}$	Tec	单门槛检验	31. 30	0. 043
		双门槛检验	3. 05	0. 977
$\ln S^{ofdi_2}$	Tec	单门槛检验	28. 31	0. 083
		双门槛检验	5. 67	0. 807

表 4 – 14　　　　　科技支持力度的门槛值估计结果

核心解释变量	门槛变量	门槛类型	γ
$\ln S^{ofdi_1}$	Tec	单门槛	0. 0163
$\ln S^{ofdi_2}$	Tec	单门槛	0. 0163

然后，对科技支持力度进行门槛回归分析，结果如表 4 – 15 所示。

表 4 – 15　　　　　科技支持力度的门槛回归结果

变量	(25)	(26)
$\ln S^{rd}$	0. 567 ***	0. 613 ***
	(11. 28)	(12. 72)
$\ln S^{ofdi_1} I(Tec \leqslant \gamma)$	0. 119 ***	
	(5. 59)	
$\ln S^{ofdi_1} I(Tec > \gamma)$	0. 149 ***	
	(6. 74)	
$\ln S^{ofdi_2} I(Tec \leqslant \gamma)$		0. 089 ***
		(4. 79)
$\ln S^{ofdi_2} I(Tec > \gamma)$		0. 131 ***
		(6. 44)
$\ln H$	2. 272 ***	2. 693 ***
	(7. 13)	(8. 43)
c	– 2. 976 ***	– 3. 990 ***
	(– 4. 95)	(– 7. 65)

注：*** 表示 $p < 0.01$。

从投资目标国为发达国家的实证检验结果来看，当政府科技支持力度低于 1.63% 时，$\ln S^{ofdi_1}$ 的系数为 0.119，当政府科技支持力度高于 1.63% 时，$\ln S^{ofdi_1}$ 的系数为 0.149。从投资目标国为发展中国家的实证检验结果来看，当政府科技支持力度低于 1.63% 时，$\ln S^{ofdi_2}$ 的系数为 0.089，当政府科技支持力度高于 1.63% 时，$\ln S^{ofdi_1}$ 的系数为 0.131。

可见，政府支持力度对中国对外直接投资逆向技术溢出的影响分为前后两个阶段，当政府科技支持力度跨越门槛值时，中国通过对外直接投资渠道获得的国外研发资本溢出对技术创新水平的促进作用显著增强。在"强化企业创新主体地位"的背景下，中国政府从资金支持与政策扶持两方面促进企业自主创新，引导企业积极开展研发活动；企业不断加大研发资金和技术人员投入，提高自身研发能力，"走出去"学习前沿技术的意愿不断增强，逆向技术溢出效应随之增强。

表 4 - 16 列出了 2020 年各省份科技支持力度跨越门槛值的情况。目前，河北、山西等 13 个省份的科技支持力度还未跨越门槛值，北京、天津等 17 个省份的科技支持力度已经跨越门槛值。中国超过 50% 以上地区的政府科技支持力度对对外直接投资逆向技术溢出的促进作用已经进入加强阶段。

表 4 - 16　　　　　　　　2020 年各省份科技支持力度跨越门槛值情况

门槛区间	省份
$Tec \leqslant \gamma$	河北、山西、内蒙古、辽宁、吉林、黑龙江、广西、四川、云南、陕西、甘肃、青海、新疆
$Tec > \gamma$	北京、天津、上海、江苏、浙江、安徽、福建、江西、山东、河南、湖北、湖南、广东、海南、重庆、贵州、宁夏

(4) 教育支持力度的门槛效应分析

对教育支持力度进行门槛检验，估计结果如表 4 - 17 所示。在核心解释变量为 $\ln S^{ofdi_1}$、$\ln S^{ofdi_2}$ 的两个门槛模型中，教育支持力度均未通过单门槛检验，表明教育支持力度对我国对外直接投资逆向技术溢出的影响不存在门槛效应。教育支持力度能够促进对外直接投资的逆向技术溢出效应，但目前这种促进作用尚不能进一步加大，主要原因可能是我国高等教育发展存在"割裂现象"①。各地高等学校生均教育经费支出存在较大差距，高等教育的不公

---

① 方芳、钟秉林：《"双循环"新发展格局下高等教育高质量发展的理论逻辑与现实思考》，载于《中国高教研究》2022 年第 1 期，第 21 ~ 27 页。

平性限制了教育支持力度对中国对外直接投资逆向技术溢出效应的促进作用产生量变。

表4-17　　　　　　　以教育支出力度为门槛变量的门槛检验结果

核心解释变量	门槛变量	门槛类型	F	p
$\ln S^{ofdi}_1$	$\ln Edu$	单门槛检验	10.02	0.523
$\ln S^{ofdi}_2$	$\ln Edu$	单门槛检验	12.20	0.477

第六节　结论

基于前述分析，我们可以得到主要结论如下。

第一，中国对外直接投资存在显著的逆向技术溢出效应，当投资目标国是发达国家时，该效应更加显著。对外直接投资逆向技术溢出对技术创新水平的助推作用与国内投入的作用相比还比较微弱，国内研发投入以及人力资本存量仍是拉动技术创新水平提升的主力。

第二，中国分区域的对外直接投资逆向技术溢出效应存在明显差异。华北、华东地区的逆向技术溢出效应最大，西北地区次之，西南地区最小，而东北和中南地区目前并不存在逆向技术溢出效应。

第三，优良的制度环境能够促进对外直接投资逆向技术溢出，知识产权保护、金融发展、科技支持以及教育支持对中国对外直接投资逆向技术溢出均产生了正向影响。其中，知识产权保护强度和科技支持力度存在门槛效应，知识产权保护强度分三阶段依次促进对外直接投资逆向技术溢出，科技支持力度分两阶段依次促进对外直接投资逆向技术溢出；目前，中国的金融发展水平和教育支持力度对逆向技术溢出的促进作用尚未发生阶段性量变。

根据上述研究结论，这里提出以下政策建议。

第一，强化对外直接投资的"弥补技术缺口"作用。虽然全球科技创新竞争格局呈多极化发展趋势，但发达国家的技术水平、研发资源仍然处于领先地位，通过对发达国家的直接投资来学习发达国家的核心技术已经成为技术追赶的有效路径之一。我们的实证分析结论已经证明，目前中国流向发达国家的对外直接投资对国内技术创新水平的促进作用更加明显，然而截至2020年末，中国对发达国家（地区）的对外直接投资存量仅占一成左右，这说明，中国对发达国家的对外直接投资还存在较大的提升空间。中国应充分利用发达国家更为显著的逆向技术溢出效应，一方面加大对发达国家的对外直接投资规模，另一方面优化对外直接投资结构，使对外直接投资更多地流向发达国家的研发资源密集行业，以此学习发达国家先进技术，弥补技术缺口，实现技术追赶目标。

第二，实施区域差异化发展策略，推动区域创新协调发展。中国六大地区的对外直接投资逆向技术溢出效应大小明显不同，地区之间的经济发展水平、对外直接投资规模、制度环境、技术创新能力等都存在一定差距，应当根据地区发展特色实施差异化对外直接投资策略，以差异化策略推动区域创新协调发展。华北、华东地区的逆向技术溢出效应最大，主要原因是其自身的研发能力强、人力资本水平高，能够快速而全面地吸收国外尖端核心技术，针对华北、华东地区吸收能力较强的特点，应采取鼓励技术寻求型对外直接投资的策略，从而获取更多的逆向技术溢出。在"西部大开发"和"一带一路"建设支撑下，西北和西南地区应充分利用其既是向西开放的前沿又是链接东部地区和亚洲国家的枢纽这一区位优势，加大对"一带一路"共建国家和地区的对外直接投资，通过投资优势产业、开展优势科研合作、特殊劳动技能分享等机制提高区域技术创新能力。中南地区和东北地区由于区域内差距过大、吸收能力较差等原因阻碍了其获取逆向技术溢出，对此，中南地区和东北地区一方面要减小区域内对外直接投资发展差距，以"粤港澳大湾区"建设带动中南地区发展，以"振兴东北"战略促进东北地区协调发展，另一方面要提升自身的技术消化吸收能力。

第三，加强知识产权保护，建立国内技术壁垒优势。知识产权保护强度的提高（即对技术市场的专利侵权、技术盗用等行为实施严厉打击与惩罚）将会形成对于那些通过对外直接投资获取先进技术的跨国投资企业的有效保护，帮助其在国内建立技术壁垒，激励企业进一步增强对外直接投资意愿，形成良性循环。政府应加强知识产权教育，提高公众知识产权保护意识；完善知识产权保护条例，加强知识产权执法力度，降低企业维权成本，缩短企业维权周期；增强知识产权保护执法力度，防止技术创新成果被侵权与滥用，使知识产权保护强度对逆向技术溢出效应的促进作用最大化。

第四，推进金融改革，提高融资效率。企业在海外进行对外直接投资需要大量的资金投入，海外投资面临的不确定性较多且获得回报的周期较长，这加大了企业对外直接投资的难度与风险。国内优良的金融发展环境能够为企业融资提供保障，促进逆向技术溢出。但目前中国的金融发展还未对逆向技术溢出产生阶段性的量变影响，为此，这需要通过加快金融产品创新、降低企业融资成本、简化信贷审核程序等方式推进金融改革，提高企业融资效率，从而对逆向技术溢出效应产生更大的正向推动作用。

第五，加大科技支持力度，营造良好的技术创新环境。在全球竞争愈发激烈的背景下，增强自主创新能力、突破"卡脖子"技术成为构建全球竞争力的关键手段。政府对科技的支持力度体现了政府对技术创新的重视程度，强化科技支持力度能够为企业营造良好的技术创新环境。企业在开展研发活动时，能够获取更多的政府资源和优惠政策，这将有助于企业培育自主创新能力，积极参与国际技术竞争，获取逆向技术溢出。因此，政府应通过增加财政的科技投入、加快落实科技扶持政策，进一步提高科技支持力度，使科技支持发挥对逆向技术溢出的更大推动作用。

第六，促进高等教育公平发展，加快高素质人才培养。高等教育培养的高素质人才是学习、吸收、消化、改良国外技术的关键要素，但目前我国高等教育存在的不公平问题阻碍了教育支持对逆向技术溢出产生更强的促进作用。这需要优化高等教育资源配置，尽可能地减少高等教育资源分配的不公平现象，缩小不同地区、不同高校之间的差距，加快高素质人才的培养，进而使教育支持对逆向技术溢出效应产生突破性影响。

第五章　中国对外直接投资的国内
产业升级效应

改革开放以来，中国通过与世界加强联系，开展"以市场换技术"的双赢策略为 20 世纪 80~90 年代的世界市场提供了优质的劳动密集型产品，长期降低了各国成本型通胀压力。21 世纪初，中国加入 WTO 后快速融入世界贸易投资市场并成就了"制造业大国"的地位，在此阶段内，由于中国与欧美国家间产业呈现互补性发展，因此，世界经济出现了"普遍繁荣"。近些年，中美经贸摩擦升级实际上反映了中国由劳动密集型向技术密集型产业升级过程中，其与欧美国家间产业同构化竞争的不断加剧，这是互补关系转向替代竞争关系的端倪。中国目前已经由资本"净输入国"转变为"净输出国"，对外直接投资无论是在规模方面还是在结构方面越来越发挥对国内经济的重要影响。从 21 世纪初的"走出去"战略到社会主义现代化国家新征程的"双循环新格局"，中国与世界的联系更加强调"双向互动""高质量发展""优先稳定国内经济发展的基本盘"，这反映的是"以我为主的双向互动式高质量发展"特征。上述世情与国情的变化表明：建成社会主义现代化强国的关键在于实现与欧美国家"产业并跑"中的成功升级，这一方面需要自主创新，另一方面仍需要加强与世界联系。不同于以往的"市场换技术"，中国目前更加关注通过对外直接投资实现"资本换技术"即通过对外直接投资来获取逆向溢出效应进而促进国内产业升级。

在经典对外直接投资理论中，产业升级问题一直是各种理论主张的或明确或暗含的研究主线，如弗农的产品生命周期理论、小岛清的边际产业扩张理论、坎特威尔的技术创新产业升级理论等以国内产业升级作为跨国直接投资动因或结果加以研究；海默的垄断优势理论、巴克利和卡森的内部化理论、邓宁的投资发展周期阶段理论等则强调以追求规模经济、技术优势、市场占有率、经营能力等为动机的跨国投资行为规律研究，其中将产业升级作为上述动机的间接影响看待。在这些经典理论中，产业升级与对外直接投资是伴生性研究对象。后续许多学者的研究也认为，两者是积极的促进关系，如从全球价值链体系角度思考并基于罗和董（2007）构建的"跳板理论"，拉马穆提（2012）研究发现，来自发展中国家的新兴跨国公司从国外获得母公司所缺乏的外国公司开发的尖端技术、品牌或管理经验后，将这些无形资产与自身生产过程相结合，具备了更好地开拓国内外市场的条件；于是，许多新兴市场经济国家的跨国企业纷纷向海外扩张，使其在国际行业中竞争优势得到明显提升，显著带动了国内产业升级（乔杜里和坎纳，2014）。然而，1982 年布鲁斯和哈里逊在《美国的脱工业化》一书中最早用"产业空心化"概念表达了对美国国内产业升级压力的担忧；20 世纪 80 年代日本在广场协议后由"贸易立国"转向"投资立国"，20 世纪 90 年代美国华尔街金融资本在全球化浪潮下开始贪婪逐利全球市场后酝酿了 2008 年的金融危机，在此过程中的日本与美国国内"产业空心化"的事实证明了对外直接投资与国内产业升级并非是单一的相互促进关系，也可能存在替代关系。如考林和汤姆林森（Cowling & Tomlinson，2000）的研究显示：日本跨国公司的利润增长与国内工业发展滞缓并存，长期内导致了国内产业衰败。

综上所述，探讨中国通过"资本换技术"的对外直接投资活动对于国内产业升级的影响研究，则具有了现实意义与理论价值。这关乎中国在"双循环新格局"下通过"高质量走出去"实现促进国内产业升级的战略意图实践成效，以及习近平新时代中国特色社会主义经济思想与理论体系的自洽与完善。

第一节　中国对外直接投资与产业升级现状

改革开放以来的工业化发展促成了对外直接投资实力提升，促进工业化发展与释放工业化产能又是中国对外直接投资的动力，21 世纪第 1 个 10 年是中国制造业大国崛起的代表时期，第 2 个 10 年则是中国产业升级的快速发展时期①。中国目前已经进入工业化发展的后期阶段，国内产业结构由"二三一"向"三二一"转变，第二产业升级与产能转移释放程度直接影响到上述转变的顺利与否。从时间进度来看，面向国内的供给侧结构性改革、面向国际的"一带一路"建设均是推进第二产业产能转移释放与升级优化的关键举措；此外，农业现代化与现代服务业发展的快速推进期也是在此阶段内。这里，将重点阐释世界金融危机以来的中国进入新常态下对外直接投资与产业升级发展现状。

一、中国对外直接投资的区域差异

考虑到我们研究目的在于考察对外直接投资对产业升级的影响，因此，区域内对外直接投资活跃程度不同对产业升级影响程度也应有所差异。按照2008～2020年地区对外直接投资占全国比例的均值水平进行区域划分，占比大于等于2%的区域为对外直接投资高度活跃区，占比大于等于1%、小于2%的区域为对外直接投资中度活跃区，占比小于1%的区域为对外直接投资低度活跃区，具体如表5-1所示。

表5-1 地区对外直接投资占全国比重的年均值（2008～2020年）

低度活跃区：比重均值≤1		中度活跃区：1＜比重均值≤2		高度活跃区：2＜比重均值	
青海	0.048794072	甘肃	1.274749191	湖南	2.67136039
西藏	0.050629444	新疆	1.455434794	福建	2.696134375
贵州	0.093203835	重庆	1.216877888	天津	2.692793221
宁夏	0.260091878	四川	1.508829464	辽宁	3.364423503
山西	0.704360498	海南	1.447972478	江苏	6.475291952
广西	0.659809305	河南	1.392326091	浙江	7.858026435
吉林	0.990268429	安徽	1.555532538	山东	8.127654813
江西	0.608941968	黑龙江	1.597147848	北京	9.124579107
陕西	0.92545829	云南	1.782972812	上海	12.59776657
湖北	0.758479349	河北	1.85310543	广东	23.34324234
内蒙古	0.863741694	—		—	

注：相关数据来源于《2008～2020年度中国对外直接投资统计公报》，经笔者计算整理。

---

① 刘文勇：《改革开放以来中国对外投资政策演进》，载于《上海经济研究》2022年第4期，第23～32页。

由表 5-1 可以看出：东部地区 11 个省份中除河北与海南以外均为对外直接投资的高度活跃区；中部地区 8 个省份中黑龙江、河南、安徽为中度活跃区，湖南为高度活跃区，另外的山西、吉林、江西、湖北则落入低度活跃区；西部地区 12 个省份中，除甘肃、新疆、重庆、四川、云南以外均为低度活跃区。以上情况说明，中国对外直接投资与区域发展具有相似的自东向西阶梯式落差。

二、基于对外直接投资活跃度划分的产业升级水平

作为经济学基础概念之一的产业升级内涵至今难以统一，从配第与魁奈，再到霍夫曼、克拉克与库兹涅茨等，分别强调了在就业、产值等方面的工农业比例、轻重工业比例、三次产业比例等的变化。此外，格里菲（Gereffi，1999）认为，产业升级是一个企业或者经济体将其边际劣势产业转移至东道国，节省资源发展资本与技术密集型产业的过程；俞佳根（2018）认为，宏观产业升级应侧重于产业间均衡协调发展，强调产业结构合理化与高级化；瞿淦（2019）认为，通过产业链结构优化或产业结构优化以实现产业升级的途径包括"产业转型""产业转型升级""产业结构升级"等方式。综上所述，这里从两个角度刻画产业升级水平：一是产业结构高级化，试图反映三次产业结构变化的一般性规律即"随着农业社会向工业社会过渡而发生的第二产业比重上升与第一产业比重下降，随着工业社会向后工业化社会过渡而发生的第三产业比重上升与第二产业比重下降"；二是产业结构合理化，试图反映产业之间资源配置效率或劳动生产效率的均等化情况，若趋于均等化则意味着产品与要素市场的有效竞争即各产业之间由于竞争的完全性而表现出效率的均一性；反之，背离均等化程度越高则说明垄断程度越高即意味着相对低效率。

1. 产业结构高级化的测算方法

农业社会向工业社会转型、工业社会向信息化社会转型是人类社会高级化发展的历程，对应的农业、工业与服务业成为社会主导产业的过程即产业高级化的过程。借鉴徐德云（2008）的做法，测算公式为：

$$\text{AIS} = y1 \times 1 + y2 \times 2 + y3 \times 3 \quad (1 \leqslant R \leqslant 3) \qquad (5-1)$$

其中，y_i 为第 i 产业产值比重，R 取值范围在 1 至 3 之间，代表产业升级程度的大小，其数值越接近 3 说明第三产业比例越高，产业升级层次越高。比照经济事实，一般性演变规律为随着工业化程度加深，R 会接近 2；当进入后工业化社会，则 R 将趋近于 3。

2. 产业结构合理化的测算方法

如前所述，产业结构合理化即国民经济各部门协调发展并实现生产要素的合理化配置。根据干春晖等（2011）的研究，产业结构合理化反映了要素投入结构与产出结构的耦合程度，可采用结构偏离度指标进行衡量，这里使用赋权的泰尔指数来度量产业结构合理化。具体公式如下：

$$TL = \sum_{i=1}^{n} \left(\frac{Y_i}{Y} \right) \ln \left(\frac{\dfrac{Y_i}{L_i}}{\dfrac{Y}{L}} \right) \qquad (5-2)$$

$$RIS = \frac{1}{TL} \qquad (5-3)$$

式（5-2）中，$\dfrac{Y_i}{L_i}$ 为 i 产业的劳动生产率，$\dfrac{Y}{L}$ 为全社会劳动生产率；式（5-3）为式（5-2）的倒数取值，$TL = 0$ 代表最佳的产业结构合理状态，对其取倒数的目的是将其调整为正向增长性指标，此时 RIS 越大，代表产业结构越合理。

基于式（5-1）测算中国各地区产业结构高级化水平，基于式（5-2）和式（5-3）测算中国各地区产业结构合理化水平，相关数据来源于《中国统计年鉴》。中国对外直接投资的各地区数据来源于《中国对外直接投资统计公报》相关年份，采用存量数据。

图 5-1 刻画了高度活跃区、中度活跃区与低度活跃区对外直接投资与 AIS、RIS 的相关变化趋势，从中可以看出：首先，对外直接投资与产业结构高级化、产业结构合理化指标之间基本呈现了可能的正相关趋势，之所以是"可能"，原因在于这种正相关趋势可能是它们均存在自相关性；其次，三个区域数据的集中度总体上呈现，高度活跃区 > 中度活跃区 > 低度

活跃区，这反映了对外直接投资越发活跃，其趋势线对数据的代表程度越好，可以从直观上判断认为对外直接投资可以较为明显促进产业升级。

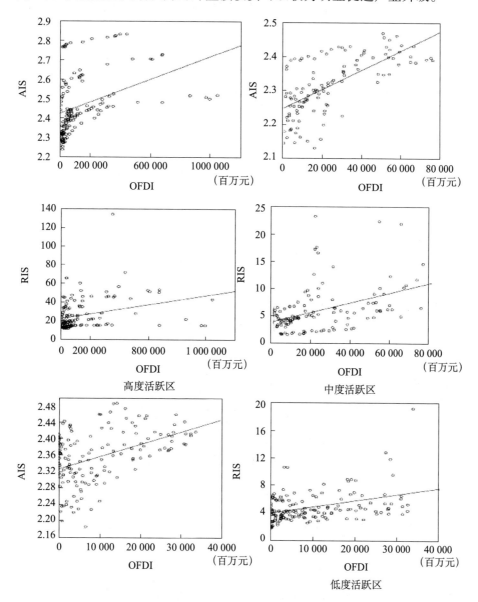

图 5 - 1　对外直接投资与 AIS、RIS 的散点趋势（2008～2020 年）

注：OFDI 单位为百万元人民币，采用以 2005 年为基期的可比价格。

第二节　中国对外直接投资影响国内产业升级的机制分析

邓宁在 20 世纪 80 年代末～90 年代初提出的资源寻求型、市场寻求型、效率寻求型与战略资产寻求型四种动机已成为后来学者关于对外直接投资研究的经典划分视角。这里，我们也据此展开对外直接投资影响产业升级的机制研究，分析逻辑如图 5-2 所示。

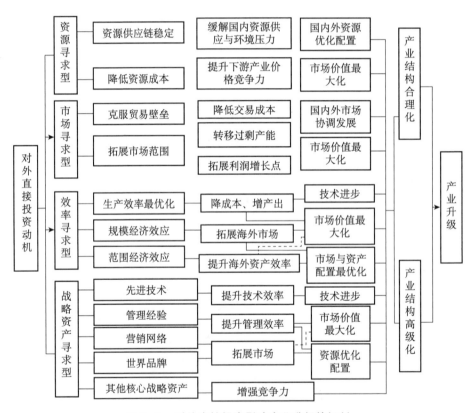

图 5-2　对外直接投资影响产业升级的机制

资源寻求型动机下对外直接投资从资源供应链稳定性和降低资源成本价格两个方面为国内下游企业提供了海外资源保障。国内资源勘探、生产与研发企业可以从"短期保供给"压力中适当放松并着眼"长期可持续"的技术研发与新能源开发等领域活动。从宏观来看，与国内资源企业前后向关联的企业或行业得以享受"海外优势",避免了受制于资源短板的国内产业发展"瓶颈"出现,这种通过对外直接投资嫁接而来的海外资源供应为国内行业转型与升级提供了资源保障。

市场寻求型对外直接投资动机很好地诠释了国内企业转移相对过剩产能、规避贸易壁垒以及开拓海外新市场的行为。对于中国而言,中国制造业面向"一带一路"共建国家和地区的对外直接投资合作既实现了产能释放,同时又满足了双方"错位发展"的需求即在不同技术与价值链层面进行各自的产业升级①,实现了双赢式发展,为国内产业升级发挥了"腾笼换鸟"的作用。面对贸易保护主义,为了规避针对中国出口贸易的反倾销、反补贴等诉讼争端,在进口国投资生产实现在东道国的"本地化"供应是保持中国产品原有市场份额的有效方法;面对新市场或者未开发的潜在市场如非洲等,中国跨国企业的"绿地投资"使中国企业成为"最受欢迎的投资者",对促进当地经济发展发挥了重要作用。上述投资行为将国内外两个市场建立起互动联系机制,更好地平衡了中国产能释放与市场价值实现,促进了中国国内产业结构合理化与高级化发展。

效率寻求型对外直接投资目的在于实现生产效率最优化、规模经济或范围经济,三者均为"投入—产出"问题,强调降低成本或增加产出。边际报酬递增是短期行为,规模经济与范围经济是长期行为,其中,规模经济是单一产品范畴,而范围经济是多产品或跨行业范畴。具体而言,企业通过对外直接投资突破了某一投入要素制约或规模化量产的"瓶颈",进而实现效率提升即为边际报酬递增,由于目标较为单一,因此往往通过单一业务资源的并购方式实现;企业需要在长期内解决多种制约发展"瓶颈"进而促进效率提升即为规模经济,由于目标多样,因此往往通过绿地投资或整体业务并购方式实现;企业希望通过多元化发展,最大化利用海外现有资源或整合闲置海外资源促进整体效率与效益提升即为范围经济,这实际上是海外投资企业的多产品线或跨行业扩张发展。上述投资行为促进了跨国企业在全球范围内的竞争优势提升。

---

① 刘文勇、雍尚铃:《中国经济"走出去"能力分析—基于"一带一路"视角的研究》,载于《学术交流》2021年第8期,第97~110页、第192页。

"战略资产"是指那些具有成本优势或差异化优势的、难以被模仿或难以被替代的、非交易性且积累过程缓慢的、具有市场顾客价值的资产，诸如先进技术能力、领先管理经验、对分销渠道的控制、品牌优势等。一般情况下，这种战略资产需要通过逆技术梯度的对外直接投资方式获得，如发展中国家向发达国家投资组建战略联盟或并购东道国企业获取逆向溢出效应等。对中国而言，寻求战略资产的对外直接投资有助于通过逆向溢出效应提升国内产业技术水平与企业管理效率，有助于借助品牌渠道与分销渠道等控制权或优势实现全球范围内的市场价值最大化以及企业竞争优势的持续化发展。

进一步思考，可以发现：寻求资源、市场与效率的动机在于利用海外优势，而寻求战略资产的动机在于拓展自身优势，前者重点在于凭借外部优势降低成本、提升技术、优化资源配置与获取市场价值最大化；后者重点在于吸收外部优势转化为内部优势并进而实现上述目标。非战略资产可以直接利用或使用并整合，而战略资产需要吸收后整合使用，需要消化后形成内在的能力。上述四种动机的对外直接投资对国内产业升级的影响最终表现为国内市场/资源/产业的优化配置、市场价值实现的最大化、技术进步以及竞争力提升等方面，其影响可归结为产业升级的结构高级化与结构合理化。

第三节　中国对外直接投资影响国内产业升级的实证检验

基于前述分析，我们可以初步判断：中国对外直接投资促进了产业结构高级化与产业结构合理化。这里将对其进行实证检验并得出有启发性结论。

一、计量模型的设定与变量选取

构建对外直接投资影响产业升级的基准计量模型如下：

$$\text{Indus\_upgrade} = \alpha_0 + \alpha_1 \text{OFDI}_{it} + \alpha_2 X_{it} + \varepsilon_{it} \qquad (5-4)$$

其中，i 代表地区，t 代表时间；Indus_upgrade 代表被解释变量——产业升级指标即 AIS 与 RIS，OFDI 代表核心解释变量，X 代表其他控制变量，ε_{it} 代表随机扰动项；α_1 代表对外直接投资对产业升级的影响程度，根据前述分析，其应该预期为正值且越大说明对外直接投资对产业升级的促进作用越大。

这里，$Indus\_{upgrade}$分别代表 AIS 和 RIS，则有：

$$AIS = \alpha_0^1 + \alpha_1^1 OFDI_{it} + \alpha_2^1 X_{it} + \varepsilon_{it}^1 \qquad (5-5)$$

$$RIS = \alpha_0^2 + \alpha_1^2 OFDI_{it} + \alpha_2^2 X_{it} + \varepsilon_{it}^2 \qquad (5-6)$$

控制变量的选取如下。研发投入（RD）：创新是第一动力，高强度的研发投入是产业创新发展的重要保障。李晓宏、孙林岩和何哲（2008）的实证研究发现，推动中国技术进步的主要因素为企业和政府的科研投入，郭界秀（2015）、封伟毅（2018）的研究也证明了研发投入对技术进步具有显著影响。这里使用规模以上工业企业研发经费投入表示 RD。人力资本（HC）：人才是第一要素，充裕的人力资本对于技术密集型产业发展具有重要的支撑作用。卢卡斯（Lucas, 1988）强调，人力资本是影响技术效率的最重要因素，李斌、李晓欢和谢鹏（2010）的研究结论证明了中国教育发展对技术密集型产业影响显著。这里使用就业数量与劳动力人均受教育年限乘积表示 HC。人均资本水平（k）：持续的固定资产投资推进了基础性产业与发展型消费相关产业发展，有利于国民经济产业结构升级。杨栋旭等（2020）的实证研究结论表明：人均资本水平对于产业结构优化具有显著的正向效应。这里使用人均固定资产投资存量表示 k。市场化程度（M）：市场引导资源优化配置，市场化程度对产业结构发展具有重要影响，中国改革开放的市场化过程伴随着产业结构优化的过程。韩永辉等（2017）的研究结论表明：产业结构优化升级与市场化程度有显著的正相关。这里使用北京国民经济研究所与社会科学文献出版社的《中国分省份市场化指数报告》中指标表示 M。

关于数据选取。OFDI 数据来源于《中国对外直接投资统计公报》，单位按汇率折算为百万元人民币，并以 2005 年为基期，剔除价格因素的影响；AIS 与 RIS 采用前文计算结果；HC 采用《中国人口和就业统计年鉴》相关年份数据计算所得，单位为万人×年；RD 采用《中国统计年鉴》中规模以上工业企业研发投入数据并剔除价格因素影响，单位为万元；k 采用《中国统计年鉴》数据计算，其中，固定资产投资存量采用永续盘存法计算，资产折旧率按照 9.6% 计算，单位为元/人；M 为市场化综合指数，包括政府与市场关系、非国有经济发展、产品市场的发育程度、要素市场的发育程度、市场中介组织的发展和法治环境五个方面,共计 17 项基础指数构成,采用 0~10 的相对评分系,允许超过 10 或低于 0,其数值越大代表市场化程度越高。选取剔除西藏和港澳台地区后的中国 30 个省份作为样本,观测年份为 2008~2020 年,为了消除异方差影响,对所有变量均作了取对数处理,表 5-2 给出了各变量的描述性统计结果。

表 5-2 各变量描述性统计

变量	样本数(份)	均值	标准差	最小值	最大值
lnAIS	390	0.8633882	0.0520353	0.7571958	1.041796
lnRIS	390	1.869718	0.8098618	0.2857763	4.841222
lnOFDI	390	9.682007	1.789111	3.366641	13.86416
lnRD	390	14.09708	1.415527	9.078864	17.03437
lnHC	390	9.433115	0.7881117	7.170873	10.86523
lnk	390	11.35968	0.7266687	9.221288	13.0331
lnM	390	2.01272	0.2601409	1.211941	2.50284

二、模型估计

经过 Hausman 检验证实随机效应(RE)模型更适合方程(5-5),固定效应(FE)模型更适合方程(5-6),模型估计结果如表 5-3 和表 5-4 所示。从表 5-3 可以看出:第(5)列的估计结果中,核心解释变量 lnOFDI 的估计系数为 0.00625,且在 1% 统计水平上显著,这表明对外直接投资总体上对中国区域产业结构高级化存在显著促进作用。从表 5-4 可以看出:第(11)列的估计结果中,核心解释变量 lnOFDI 的估计系数为 0.0326,且在 10% 统计水平上显著,这表明对外直接投资基本上对中国区域产业结构合理化存在显著促进作用。作为对比,表 5-3 第(6)列、表 5-4 第(12)列还给出固定效应与随机效应的估计结果。

表 5-3 基准回归结果(一)

变量	lnAIS					
	RE					FE
	(1)	(2)	(3)	(4)	(5)	(6)
lnOFDI	0.0169 *** (0.000634)	0.0118 *** (0.00122)	0.0136 *** (0.00125)	0.00664 *** (0.00166)	0.00625 *** (0.00164)	0.00568 *** (0.00169)

续表

变量	lnAIS					
	RE					FE
	（1）	（2）	（3）	（4）	（5）	（6）
lnRD		0.0130 ***	0.0162 ***	0.00908 **	0.00697 *	0.00564
		(0.00268)	(0.00286)	(0.00298)	(0.00300)	(0.00318)
lnHC			− 0.0282 ***	− 0.0244 ***	− 0.0239 ***	− 0.0193
			(0.00739)	(0.00726)	(0.00725)	(0.0112)
lnk				0.0194 ***	0.0181 ***	0.0193 ***
				(0.00325)	(0.00324)	(0.00398)
lnM					0.0300 ***	0.0278 **
					(0.00881)	(0.00913)
常数项	0.700 ***	0.566 ***	0.769 ***	0.681 ***	0.664 ***	0.635 ***
	(0.00985)	(0.0293)	(0.0571)	(0.0579)	(0.0579)	(0.0889)
R^2	0.6609	0.6857	0.6806	0.7113	0.7188	0.7192
N	390	390	390	390	390	390

注：括号内是标准差，*代表 $p < 0.05$，**代表 $p < 0.01$，***代表 $p < 0.001$。

表 5 − 4　　　　　　　　基准回归结果（二）

变量	lnRIS					
	FE					RE
	（7）	（8）	（9）	（10）	（11）	（12）
lnOFDI	0.168 ***	0.126 ***	0.0713 **	0.0270 *	0.0326 *	0.0658
	(0.0115)	(0.0149)	(0.0234)	(0.0279)	(0.0313)	(0.0306)
lnM		0.712 ***	0.595 ***	0.623 ***	0.474 **	0.654 ***
		(0.167)	(0.169)	(0.168)	(0.169)	(0.165)
lnRD			0.159 **	0.118 *	0.0182 *	0.0519
			(0.0525)	(0.0540)	(0.0589)	(0.0555)
lnHC				0.557 **	0.250 *	0.0308
				(0.195)	(0.207)	(0.118)
lnk					0.286 ***	0.244 ***
					(0.0738)	(0.0579)
常数项	0.3955	0.4864	0.4166	0.4297	0.4529	0.5645
R^2	0.242 *	− 0.786 **	− 2.265 ***	− 6.565 ***	− 4.631 **	− 2.668 **
	(0.113)	(0.265)	(0.554)	(1.600)	(1.647)	(0.943)
N	390	390	390	390	390	390

注：括号内是标准差，* 代表 $p < 0.05$，** 代表 $p < 0.01$，*** 代表 $p < 0.001$。这里，调整了控制变量代入的顺序，市场化程度被前置。

关于控制变量系数的回归结果：研发投入与产业结构高级化存在显著正相关，这说明，规模以上工业企业围绕创新能力提升与企业核心竞争力培育方面的研发投入在促进产业锚定战略性新兴领域发展以及现代化转型方面发挥了积极作用。人力资本投入与产业结构高级化存在显著负相关，这总体上反映了中国目前就业状况。由于该指标是劳动力受教育年限与劳动力就业人数的乘积，因此，追求"稳就业"的就业政策使目前产业发展中"暗藏"了一定的冗余劳动力，该部分劳动力制约了落后产业淘汰，阻滞了产业结构高级化发展。人均资本与产业结构高级化存在显著正相关，这说明，通信、交通与水电等基础性产业投资以及机械设备等生产性投资推动了劳动密集型产业向资本和技术密集型产业转型发展，相应的教育、医疗与休闲娱乐等发展型消费产业亦得以快速发展。市场化程度与产业结构高级化存在显著的正相关，这说明，中国市场化改革的深入推进，促进了多主体创新活力迸发、有效竞争市场形成、要素效率提升，使现代化产业体系越发成熟。市场化程度与产业结构合理化存在显著正相关且估计系数最大，这说明，追求利润最大化的微观企业主体与追求效率最优化的宏观经济政策共同推动了要素在产业之间合理流动并缩小了劳动生产效率差异。研发投入与产业结构合理化存在显著正相关，这说明，科技创新活动促进了产业效率提升，而且这种科技创新在不同产业之间的扩散和溢出带动了三次产业要素配置效率和劳动效率的普遍提升。人力资本与产业结构合理化存在显著正相关，这说明，教育提升了劳动力质量，促进了劳动效率改善，三次产业的投入产出效率得以普遍提升。人均资本与产业结构合理化存在显著正相关，这说明，增加人均资本可以提升劳动生产效率。

三、稳健性检验

这里使用四种方法展开稳健性检验：一是构建一阶差分模型，用滞后项在一定程度上排除当期影响即排除内生性。具体而言，将所有变量滞后一期，产业结构高级化使用随机效应模型进行再检验，产业结构合理化使用固定效应模型进行再检验。二是更换产业结构高级化测算方法。具体而言，借鉴干春晖等（2011）的做法，采用第三产业产值与第二产业产值的比值代表产业高级化程度，其为正向增长性指标，越大说明工业社会向信息化服务型社会转型程度越高。三是分样本回归检验对外直接投资的产业升级效应即异质性分析。具体而言，按照前面关于对外直接投资活跃度划分为 3 个子样本进行回归分析。四是增加控制变量。考虑到图 5 - 2 中技术进步对产业升级的重要影响，这里增加全要素生产率作为控制变量。具体而言，采用 Malmquist 指数法测算全要素生产率，公式如下：

$$T_v = \left\{ (X, Y) : X \geqslant \sum_{i=1}^{n} \lambda_i X_i, Y \leqslant \sum_{i=1}^{n} \lambda_i Y_i, \sum_{i=1}^{n} \lambda_i = 1, \lambda_i \geqslant 0, 1 \leqslant i \leqslant n \right\}$$

$$(5-7)$$

式（5 - 7）中，T_v 为规模报酬可变条件下的生产可能集，X、Y 为投入与产出，λ_i 为第 i 类要素的贡献率。S 期生产活动（x^s，y^s）相对于 t 期生产可能集的产出距离函数如下：

$$D_0^t(x^s, y^s) = inf\{\lambda \mid (x^s, y^s/\lambda) \in S^t\} = (sup\{\gamma \mid (x^s, \gamma y^s) \in S^t\})^{-1}$$

$$(5-8)$$

$$D_i^t(x^s, y^s) = sup\{\theta \mid (x^s, y^s/\theta) \in S^t\} = (inf\{\delta \mid (\delta x^s, \gamma y^s) \in S^t\})^{-1}$$

$$(5-9)$$

依据式（5 - 8）和式（5 - 9）可得到式（5 - 10）：

$$TFP = M_0 (x_{t+1}, y_{t+1}, x_t, y_t) = \left[\frac{D_0^t(x_{t+1}, y_{t+1})}{D_0^t(x_t, y_t)} \times \frac{D_0^{t+1}(x_{t+1}, y_{t+1})}{D_0^{t+1}(x_t, y_t)} \right]^{1/2}$$

$$(5-10)$$

其中，M_0 即为 Malmquist 指数，也就是全要素生产率值 TFP；D_0^t 与 D_i^t 距离函数可通过 DEAP2.1 规划软件运算；为了避免选择生产技术参照的随意性，这里，用 t 期和 t + 1 期的几何平均值作为最终结果；若其数值大于 1，则表明期间内增长，且越大代表增长程度越高；若其数值小于 1，则意味着期间内下降。

测算中国各省份全要素生产率水平，选取 GDP 作为产出，固定资产投资与劳动力数量作为投入，考虑到价格与资本折旧因素，采用经过 GDP 平减指数处理的实际 GDP 和永续盘存法计算的资本存量，相关原始数据来源于各省份相关年份统计年鉴。

上述稳健性检验的结果如表 5 - 5 所示。这里分别采用固定效应（FE）、随机效应（RE）与混合效应（OLS）进行稳定性检验，其中，高度活跃区样本与新增加全要素生产率作为控制变量后的产业结构合理化与对外直接投资的 OLS 估计结果更为显著，其余均采用与基准回归结果表 5 - 3 和表 5 - 4 相同的检验模型即产业结构高级化采用 RE 模型，产业结构合理化采用 FE 模型。

表5-5　　稳健性检验

变量	滞后一期		分样本回归						增加控制变量 lnTFP		更换 AIS 测算方法
			高度活跃区		中度活跃区		低度活跃区				
	lnAIS (RE)	lnRIS (FE)	lnAIS (RE)	lnRIS (OLS)	lnAIS (RE)	lnRIS (FE)	lnAIS (RE)	lnRIS (FE)	lnAIS (RE)	lnRIS (OLS)	lnAIS (RE)
lnOFDI	0.0056** (0.0017)	0.023* (0.023)	0.0167*** (0.0024)	0.369* (0.122)	0.014*** (0.0696)	-0.0182 (0.066)	0.0054* (0.0026)	-0.0033 (0.0458)	0.0062*** (0.0016)	0.173* (0.077)	0.0324* (0.016)
控制变量	yes	yes	yes	yes	yes	yes	yes	yes	yes [-0.00046 (0.00112)]	yes [-0.0963** (0.0303)]	yes
R²	0.7074	0.4858	0.8749	0.7302	0.8184	0.6502	0.6263	0.4387	0.7195	0.6105	0.6311
N	360	360	130	130	117	117	143	143	390	390	390

注：括号内是标准差，*代表 $p<0.05$，**代表 $p<0.01$，***代表 $p<0.001$；[ ] 内数据代表 lnTFP 作为控制变量的估计系数与标准差。

从表 5 - 5 中可以看出：滞后一期、分样本回归、增加控制变量、更换 AIS 测算方法后的 lnAIS 与 lnOFDI 关系的模型估计系数均为正且显著，这说明，中国对外直接投资对产业结构高级化存在显著正向促进作用，与基准回归结果相一致。从 lnRIS 与 lnOFDI 关系的模型估计系数来看，滞后一期、高度活跃区样本回归、增加控制变量后的稳健性检验通过，但中度活跃区样本和低度活跃区样本模型估计系数为负且不显著，这意味着模型估计系数结论的不可靠。这里分析存在负向关系的可能原因：一是对外直接投资的中度和低度活跃区主要是中西部省份，三次产业间的劳动生产率溢出效应不明显即对外直接投资的逆向溢出效应不明显，或者即使产生了通过逆向工程、海外技术回流等带动国内生产效率提升的效果，但是由于市场壁垒或者企业垄断等原因导致产业间要素流动或普遍性的生产效率提升被阻滞。二是中西部地区未形成"海外—国内"的产业互促性关系，海外投资产业发展对国内产业结构合理化发展具有替代性影响，所以呈现出负向关系。在某种程度上来讲，对外直接投资相对活跃的地区反而这种替代关系更明显，所以才有中度活跃区 lnRIS 与 lnOFDI 的相关系数为 - 0. 0182，低度活跃区 lnRIS 与 lnOFDI 的相关系数为 - 0. 0033。正如付思明（2016）所强调，从纵向产业链来看，虽然跨国公司生产活动的某些部分从国内分散到国外，但是海外生产不能完全代替对海外生产地区的出口；对外直接投资可以刺激国内配套产业的投资，进而带动以配套海外生产为目的的国内产业发展，这将有利于产业升级，但若这种"海外—国内"关系未建立起来，那么对外直接投资与国内产业升级的关系则具有不确定性；从横向产业链角度，对外直接投资可能是国内投资的补充或者替代，由此产生的产业升级效应也具有不确定性①。这实际上说明，对外直接投资对产业结构的影响主要取决于国内外的产业价值链分工关系及其关联影响程度，如果对外直接投资未形成"海外—国内"的产业互促关系而是产业替代关系，那么海外投资产业高端化发展对国内地区产业劳动效率提升会形成反向作用即所谓的"空心化"现象。lnTFP 作为控制变量与产业结构高级化的估计系数为负但不显著即未形成联系机制，与产业结构合理化

---

① Siming, Fu（2016）. Foreign direct investment from developing countries and its implications for domestic investment rates, Published by Proquest LLC, pp. 33 ~ 43.

的估计系数为负（－0.0963）且在5%水平下显著，这说明，代表科技进步的全要素生产率对产业向"三二一"结构转型升级的支撑力相对不足，而且科技进步还阻滞了三次产业间劳动生产率的溢出，这表现为技术创新的垄断或者科技成果产业化发展不足或者跨行业创新技术的推广应用不足。

第四节　中国对外直接投资的"产业空心化"检验

关于对外直接投资与产业升级的关系，这里可以从两个层面加以考察：一是对外直接投资是否促进产业升级；二是对外直接投资是否会导致产业空心化。前面分析基本验证了中国对外直接投资促进了产业结构高级化与产业结构合理化，这是对第一个问题的回答。从产业结构高级化与产业结构合理化的内涵出发，第三产业发展对第二产业的替代以及服务业快速发展形成的所谓"去工业化"导致了历史上的日本和美国"产业空心化"教训值得深思。一般认为，"产业空心化"主要是指制造业向海外转移，导致了物质生产及其资本在国民经济中比重下降，使国内物质生产与非物质生产之间的比例关系严重失衡的现象。这里，将展开对第二个问题的探讨。我们的分析逻辑是基于这样的考虑，即中国对外直接投资对产业结构升级的积极促进作用应建立在对"产业空心化"影响的否定之上，中国对外直接投资首先应该不是导致国内"产业空心化"的原因，然后才是促进国内产业升级的动因。若该推论成立，则意味着中国目前状态与美国和日本的"产业空心化"有所不同。这里暂且抛开中国是否有"产业空心化"的问题，仅从对外直接投资的健康发展角度而言，中国对外直接投资也不应该是国内"产业空心化"的原因，而应该是推动产业升级的重要力量之一。我们的研究目的在于进一步印证中国式现代化道路的独特性，或者说进一步探讨中国经济实践蕴含的理论规律独特性。

从产业结构变迁规律分析，随着第一产业、第二产业比重下降与第三产业比重上升，经济结构呈现出"经济服务业化"趋势，此时生产性服务业快速发展，这必然导致制造业由劳动密集型和资本密集型向技术密集型转移，这种现象被学者们称为产业结构"软化"。其符合产业结构变迁的一般性规律，其与"产业空心化"并非同一概念。只有当新产业不能替补转移产业，或转移产业速度过快导致出现产业发展"真空"以致出现经济萎缩，其才可以称为"产业空心化"。人们往往将制造业中存在的"脱实向虚"现象看作是"产业空心化"的预兆，其实质是产业结构演化中的一种失衡。目前，衡量"产业空心化"的指标主要有两类：一类是从规模维度出发，考察工业的增加值/固定资产投资/就业占比，或者反向考察第三产业产值/固定资产投资/就业的占比，如明纳（Minoru，2006），秦炳涛等（2020）的研究；另一类是增加效率维度，使用剔除规模因素的纯技术效率指数，如吴海民（2012），叶修群等（2022）的研究。这里选择制造业增加值占 GDP 的比重作为规模维度的"产业空心化"指标（IH_ LS），具体采用制造业增加值/GDP 的年度环比数据，数值为 1 表示规模不变，数值小于 1 且年度呈现连续趋小则表明规模维度的"产业空心化"加剧；借鉴吴海民（2012）的做法，选择班克、沙恩和库珀（Banker，Charnes & Cooper，1984）提出的测算纯技术效率的 BCC 模型计算效率维度的"产业空心化"（IH_ EFF），其为正向增长性指标，具体公式如下。

$$\begin{cases} \min \theta_t \\ \text{st.} \sum_{j=1}^{n} \lambda_j x_j \leqslant \theta_t x_0, \sum_{j=1}^{n} \lambda_j y_{j\geqslant} y_0, \sum_{j=1}^{n} \lambda_j = 1 \\ \forall \ \lambda_j \geqslant 0, j = 1, 2, \cdots, n \end{cases} \quad (5-11)$$

其中，θ_t 代表 t 年的 IH_ EFF 值，λ 为权重系数，$j = 1, 2, \cdots, n$，$n = 30$ 代表 30 个省份（不含西藏和港澳台地区）；x 代表投入，包括制造业固定资产净值与制造业从业人数；y 代表产出，主要是制造业产业增加值。

上述指标的原始数据主要来自《中国统计年鉴》《中国工业统计年鉴》相关年份与《中国经济普查年鉴（2018）》。这里对数据做剔除价格因素处理，制造业增加值由 GDP 平减指数（2012 = 1）平减后得到，制造业固定资产净值按照 2012 年为基期进行折算为可比数据。使用 DEAP2.1 规划软件运算，得到 2012 ~ 2020 年[①]我国分地区的"产业空心化"指标如图 5 - 3 所示。

---

① 限于统计年鉴中部分数据的可获得性以及保持相关数据统计口径的一致性等原因，这里与前文不同，并未从 2008 年开始。

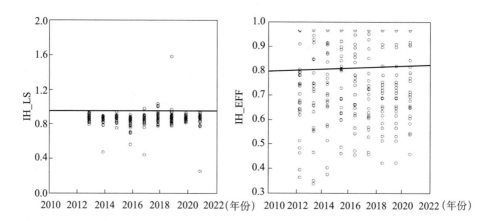

图 5 - 3 IH_ LS 与 IH_ EFF 的分省散点趋势（2012～2020 年）

接下来，我们构建适合面板数据分析使用的 PVAR 模型，考察"产业空心化"与对外直接投资的关系，具体公式如下：

$$\ln OFDI_{it} = \alpha_0 + \sum_{j=1}^{n} \alpha_{1j}\ln OFDI_{it-j} + \sum_{j=1}^{n} \alpha_{2j}\ln IH_{it-j} + \varepsilon_{1it}$$

$$\ln IH_{it} = \beta_0 + \sum_{j=1}^{n} \beta_{1j}\ln IH_{it-j} + \sum_{j=1}^{n} \beta_{2j}\ln ODFI_{it-j} + \varepsilon_{2it} \qquad (5-12)$$

其中，IH 分别代表 IH_ LS 与 IH_ EFF，i 表示省份，t 表示年份，j 表示时间滞后阶数；系数 α_{2j} 反映的是"产业空心化"对 OFDI 的影响；系数 β_{2j} 反映的是 OFDI 对"产业空心化"的影响。OFDI 数据以 2012 年为基期，进行了剔除价格因素处理，单位为百万元。

采用 Akaike 信息准则（AIC）、baysian 信息准则（BIC）、hannan 和 quinn 信息准则（HQIC），依据信息量取值最小的准则确定模型的滞后阶数。在表 5 - 6 中，方程（1）和方程（2）考察了规模维度的"产业空心化"与对外直接投资的关系，适合滞后一阶模型；方程（3）和方程（4）考察了效率维度的"产业空心化"与对外直接投资的关系，适合滞后三阶模型。这里，报告了混合效应、固定效应与随机效应模型的估计结果，具体如表 5 - 6 所示。

表 5 - 6 模型估计结果

变量	OLS		FE		RE	
（1）lnOFDI$_t$ 方程	lnOFDI$_{t-1}$	lnIH_ LS$_{t-1}$	lnOFDI$_{t-1}$	lnIH_ LS$_{t-1}$	lnOFDI$_{t-1}$	lnIH_ LS$_{t-1}$
	0.950 ***	- 0.233 *	0.784 ***	- 0.282	0.938 ***	- 0.271
	(0.0144)	(0.0856)	(0.0176)	(0.150)	(0.0122)	(0.191)
常数项	0.721 ***		2.462 ***		0.848 ***	
	(0.148)		(0.184)		(0.130)	
观测值	240		240		240	
R^2	0.9686		0.9949		0.9950	
F	2302.11		1000.79		—	
hausman 检验	—		Prob > chi^2 = 0.0000			
（2）lnIH_ LS$_t$ 方程	lnIH_ LS$_{t-1}$	lnOFDI$_{t-1}$	lnIH_ LS$_{t-1}$	lnOFDI$_{t-1}$	lnIH_ LS$_{t-1}$	lnOFDI$_{t-1}$
	0.251 ***	0.00132	0.0434	0.00898 *	0.251 **	0.00132
	(0.0414)	(0.00183)	(0.0617)	(0.00423)	(0.0812)	(0.00469)
常数项	- 0.0577 **		- 0.148 **		- 0.0577	
	(0.0182)		(0.0444)		(0.0497)	
观测值	240		240		240	
R^2	0.39		0.87		0.8878	
F	18.75		2.53			
hausman 检验	—		Prob > chi^2 = 0.0000			
（3）lnOFDI$_t$ 方程	lnOFDI$_{t-3}$	lnIH_ EFF$_{t-3}$	lnOFDI$_{t-3}$	lnIH_ EFF$_{t-3}$	lnOFDI$_{t-3}$	lnIH_ EFF$_{t-3}$
	0.873 ***	- 0.0650	0.357 ***	- 0.0179	0.567 ***	- 0.207
	(0.0448)	(0.278)	(0.0294)	(0.245)	(0.0321)	(0.208)
常数项	1.964 ***		7.274 ***		5.066 ***	
	(0.475)		(0.329)		(0.348)	
观测值	180		180		180	
R^2	0.8680		0.9575		0.9517	
F	190.56		87.73		—	
hausman 检验	—		Prob > chi^2 = 0.0000			
（4）lnIH_ EFF$_t$ 方程	lnIH_ EFF$_{t-3}$	lnOFDI$_{t-3}$	lnIH_ EFF$_{t-3}$	lnOFDI$_{t-3}$	lnIH_ EFF$_{t-3}$	LnOFDI$_{t-3}$
	0.729 ***	- 0.000535	0.132	- 0.0163	0.444 ***	- 0.0155
	(0.0606)	(0.00756)	(0.136)	(0.0160)	(0.0566)	(0.00878)
常数项	- 0.0455		- 0.0242		0.0412	
	(0.0819)		(0.172)		(0.0950)	
观测值	180		180		180	
R^2	0.6559		0.5030		0.7714	
F	72.85		0.85			
hausman 检验	—		Prob > chi^2 = 0.0000			

注：滞后阶数检验中的 * 代表显著性；模型估计结果中的 L 代表一阶滞后，***、**、* 分别代表在 1% 、5% 和 10% 水平上显著，小括号中为标准误差。

从表 5-6 可以看出：对外直接投资、规模维度"产业空心化"、效率维度"产业空心化"基本上均受自身前期发展水平的显著影响。从方程（1）和方程（2）分析规模维度"产业空心化"与对外直接投资关系的结果来看，$\ln IH\_LS_{t-1}$ 每减少 1 个单位引起 $\ln OFDI_t$ 增加 0.233 个单位且在 10% 水平下显著，$\ln OFDI_{t-1}$ 每增加 1 个单位引起 $\ln IH\_LS_t$ 增加 0.00898 个单位且在 10% 水平下显著。上述结论说明，国内制造业产值占 GDP 比重的连续年度下降促进了滞后一期的对外直接投资增长，这表现为"一带一路"建设背景下国内制造业向海外转移带动对外直接投资增长；对外直接投资增长促进了滞后一期的国内制造业产值占比增加，这表现为，海外需求引致国内制造业发展。若前者向海外转移的是"过剩产能"，后者引致的是新型制造业发展，则意味着这种互动推动了国内产业升级，实现了由低端向高端的制造业产业升级。从方程（3）和方程（4）分析效率维度"产业空心化"与对外直接投资关系的结果来看，两者估计系数为负但未呈现统计上的显著性即未建立起联系机制，因此可以认为：对外直接投资与制造业纯技术效率无统计上的数理关系即对外直接投资并未对国内产生效率维度的"产业空心化"。综上所述，这里可以得出结论：中国对外直接投资未对国内产业"空心化"产生影响，或者说对外直接投资不是国内产业"空心化"的原因；另外，关于规模维度产业"空心化"的分析结论还间接支持了"对外直接投资促进了国内产业升级"的结论。

第五节 结论

首先，中国对外直接投资促进了国内产业升级。中国对外直接投资与产业升级的机制分析表明：资源寻求型对外直接投资为产业升级嫁接了外部资源供应保障，市场寻求型对外直接投资为产业升级发挥了"腾笼换鸟"与"做大做实海外市场"的作用，效率寻求型对外直接投资有助于产业升级突破"瓶颈"与整合资源进而获取全球范围竞争优势，战略资产寻求型对外直接投资通过逆向溢出效应为产业升级提供了可内生化的能力。实证分析证明了，中国对外直接投资与产业结构高级化、产业结构合理化呈现较为明显的正相关性。为此，宏观经济政策应在立足国内大循环、构建国内统一大市场的基础上，进一步扩大企业参与国际市场投资的广度与深度，将"资本换技术""技术换技术"的对外直接投资活动行稳致远。

其次，中国对外直接投资不是"产业空心化"的成因。规模维度"产业空心化"与对外直接投资关系的实证分析结论印证了"制造业产值占 GDP 比重下降促进了通过对外直接投资进行过剩产能转移，通过对外直接投资的'腾笼换鸟'促进了国内制造业高端化发展"的规范性机制分析结论。效率维度"产业空心化"与对外直接投资关系在统计上不显著的结论，说明中国对外直接投资不是国内"产业空心化"的原因。当然，这并不意味着中国不存在"产业空心化"现象，从目前国内学者的研究成果来看，在部分地区部分行业内"产业空心化"现象还是有的。与美国和日本的"产业空心化"不同，中国对外直接投资不是国内可能存在的"产业空心化"的原因，该结论支持了中国式现代化道路中"高质量走出去""双循环新格局""构建现代化产业体系"等独特的理论品质特征，形成了中国经济学研究的实践性特质规律。

最后，从影响产业升级的因素来看：加大研发投入、促进市场化改革、提高人均资本等举措均可促进产业结构高级化与产业结构合理化水平提升。受到国内就业压力与"保就业"政策影响，与就业数量有关的人力资本水平与产业结构高级化呈现显著的负相关，这是因为"保就业"产生的"冗员"阻滞了产业结构高级化发展，如农业剩余劳动力、工业富余人员、服务业以劳动密集型为主等现状影响了现代农业、新型工业化与现代服务业发展进程。中、低度活跃区对外直接投资与产业结构合理化不存在统计上的显著相关性，这说明，中国对外直接投资的产业结构合理化效应还不具有区域上的普遍性，"东部领先"区域发展布局特征仍十分明显。全要素生产率与产业结构合理化显著负相关，这说明，科技创新在产业间的溢出效应不明显，即中国科技创新促进全行业劳动生产率提升的效果不明显，这是技术通用性不足与平台创新成果垄断性的表现。针对上述情形，中国应坚持将深入推进市场化改革作为经济政策改革的总体方向，重点关注科技创新研发经费投入与产出的有效机制建设、基础设施等领域固定资产投资的绩效评价机制建设等；应将"保就业"与"促产业结构转型升级"统一考虑并寻求政策平衡点，综合施策；推进区域均衡发展，形成区域发展的联动效应；加大创新技术的推广应用，促进科技市场要素流动，打破行业与区域垄断。

第六章 中国对外直接投资的逆向绿色溢出效应

始于 20 世纪 90 年代的全球化中跨国公司对外直接投资的实践促进了对外直接投资与绿色发展关系的理论研究，代表性的研究观点有三种：一是"污染避难所假说"即跨国公司为了躲避规制将污染产业转移至东道国，如兴和科尔斯塔德（Xing & Kolstad，1996）认为，成本和利润差、投资与生产限制是影响产业转移的主要因素；二是"污染光环假说"即跨国公司的先进工艺与技术促进了东道国环保技术水平提升，如伯德索尔和惠勒（Birdsall & Wheeler，1993）针对部分跨国公司的实证研究证明了这一点；三是"污染规模假说"即跨国公司投资促进了东道国产业扩张与产量增加而带来污染量的增加，如扎尔斯基（Zarsky，1999）认为，专业化的跨国公司提高生产效率的同时，必然使东道国污染随着产量增长而规模化扩大。以上研究主要是基于对外直接投资的东道国环境影响分析而展开，即所谓的"外商直接投资的绿色溢出效应"研究。

上述理论观点在中国吸收外商直接投资的实践中得以部分检验。中国在 1992 年党的十四大会议正式确立了中国特色社会主义市场经济体制，其后不断旗帜鲜明地推进改革开放，国家发展与全球化发展实现了高契合度的同步演进；大规模吸收的外商直接投资为中国经济发展提供了技术、资金与管理经验，与此同期的资源过度消耗与环境污染问题也不断加剧。2002 年党的十六大会议提出"科学发展观"，这是在人与自然、国内发展与对外开放的和谐与统筹发展方面提出的重大战略思想，其成为指导 21 世纪中国吸收外商直接投资实践工作的重要方法论。进入新时代以来，中国特色社会主义市场经济理论与实践发展经历了重大飞跃，在深化认识经济社会发展客观规律的基础上，"十三五"规划首次将"绿色发展"纳入五大发展理念，这是当代马克思主义中国化发展的新成就与新境界。党的十八大以来形成的习近平生态文明思想中关于"人与自然和谐共生""绿水青山就是金山银山""良好生态环境是最普惠的民生福祉""山水林田湖草沙是生命共同体""用最严格制度最严密法治保护生态环境"等思想系统地将人与自然、经济增长与环境保护、当前发展与永续发展进行了系统辩证的阐释。目前，中国已经实现了思想观念上对绿色发展的认识转化，正在进入为推进绿色发展的生产力技术创新、政治上层建筑中制度与组织机构法治化构建、思想上层建筑中社会文化塑型以及包括了生产活动规制与生活行为习惯养成的全面推进的发展阶段。上述表明，中国作为发展中国家吸收外商直接投资及其对国内绿色发展溢出效应的初级阶段已经走过，正在进入追求绿色发展为代表的高质量发展阶段。同时，从角色转换角度来看，中国已经由资本"净流入国家"转为"净流出国家"，随着中国对外直接投资的加快发展，通过开展对外直接投资来提升本国的绿色发展已成为中国参与跨国投资活动的新的发展追求目标。

从当前和今后来看，正确认识和处理好开放与绿色发展之间的辩证关系是完成中国式现代化建设目标与任务的根本要求之一。开放是国家繁荣发展的必由之路，国内国际双循环的新发展格局要求开放进入高质量发展阶段，由"价值链低端"向"价值链高端"、由"拉动经济增长"向"推动经济绿色发展"转型升级。绿色是永续发展的必要条件，绿色发展要求高质量开放实现绿色化。在双循环发展格局下，资本项下国际经济活动对国内经济绿色发展的影响表现为外商直接投资的绿色溢出效应与对外直接投资的逆向绿色溢出效应，以往学者对中国对外开放经济实践的考察，更多关注于前者，对于后者的研究相对不足。在中国经济"高质量走出去"的新时代背景下，中国对外直接投资的逆向绿色溢出效应研究更具时代价值。这里将基于对外直接投资的逆向绿色溢出效应机制分析，展开针对中国进入新时代以来的绿色发展评价以及对外直接投资逆向绿色溢出效应的实证检验分析。

第一节　中国对外直接投资的逆向绿色溢出效应机制分析

随着新兴市场经济主体的崛起，基于逆向思维与问题导向的研究视角，发展中国家通过对外直接投资逆向影响母国绿色发展的研究范畴引起学界关注。如周等（2019）将对外直接投资对母国的"在能源、管理和生产方面获得巨大的效率提升"称为逆向绿色溢出效应；根据母国获取绿色溢出效应的动机差异，于等（Yu et al.，2019）又将其分为逆向直接绿色溢出效应和逆向间接绿色溢出效应；根据逆向绿色溢出效应传导渠道的差异，安德森和萨瑟兰（2015）强调了更近物理距离的重要性，派佩罗普洛斯等（2018）提出了观察和模仿获得隐性知识的途径，斯托安（2013）则认为，子公司将在东道国合规发展的绿色标准反馈成为母国总公司经营标准是影响母国绿色发展的途径之一。我们可以结合中国对外直接投资的国情特点，梳理挖掘出中国对外直接投资的逆向绿色溢出效应机制，这里从生产效率、生活水平、资源环境与财政政策四个维度，展开机制分析，如图6-1所示。

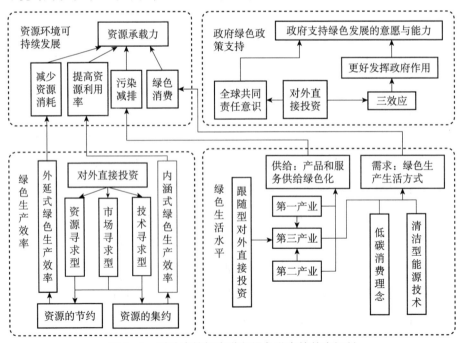

图6-1　对外直接投资逆向绿色溢出的效应机制

　　首先，关于对外直接投资逆向作用于绿色生产效率提升的效应机制：从石油与铁矿石等领域的中国企业海外直接投资案例中，我们可以发现：这些获取国内短缺资源禀赋（如石油与矿产等）的资源寻求型对外直接投资能够发挥"减少国内资源的开发与使用、弥补国内资源需求缺口、维持国内相关产业运转"的作用，上述结果促进了"单位产出不变情况下的国内资源禀赋投入减少"即绿色生产效率得到提升。从中国高新技术企业在海外技术密集地区投资设立研发中心或并购拥有核心技术海外企业的案例中，我们可以发现：为了"学习—消化—吸收—再创新"的"出海行为"对于母国的生产效率提升发挥了重要作用，能够实现"单位资源投入不变情况下的产出增长"即绿色生产效率的提升。从中国家电、纺织等国内市场饱和行业的对外直接投资案例中，我们可以发现：为消化过剩产能与处置国内"夕阳"产业的市场寻求型对外直接投资促进了国内产业结构升级与供给侧结构性改革，实现了国内资源优化配置的"腾笼换鸟"作用，反映在绿色生产效率提升方面表现为国内资源向技术密集型、低能耗、低污染、高附加值产业的转移。上述分析基本涵盖了以下认知，即增加海外资源的国内供给与替代国内相对落后产业的结构调整有助于中国国内资源禀赋使用的节约化与集约化发展，拓展与深化技术吸取渠道的海外研发中心有助于国内直接吸收先进技术或通过逆向工程获取先进技术；扩大海外企业并购活动有助于通过海外员工回国工作带回技术与管理经验以及与东道国建立上下游产业链关系来加速母国绿色生产效率提升。进一步总结，上述影响机制可分为"使用国外资源替代国内资源消耗的外延式绿色生产效率提升"与"减少单位产出资源消耗的内涵式绿色生产效率提升"。

　　其次，关于对外直接投资逆向作用于绿色生活水平提升的效应机制：从中国金融服务、运输服务、文化康养服务等行业的对外直接投资案例中，我们可以发现：围绕第一产业、第二产业"走出去"能力提升的第三产业"跟随性走出去"倒逼着本国服务业快速发展，其表现为服务业理念、模式与水平的提升，直接带来的是国内服务业供给的绿色化发展，其中，生活性服务业的变革直接影响到绿色生活水平的提升。从中国对外直接投资的"五通三同"①中，我们可以发现：随着中国与世界经济的交织度越发密集、系统内

————————

　　① 所谓"五通三同"即中国在"一带一路"建设中所秉持的政策沟通、设施联通、贸易畅通、资金融通、民心相通，以及利益共同体、命运共同体和责任共同体。

生性越发显著，围绕低碳经济所推进的清洁型能源技术应用与低碳式消费理念在政府政策制定层面的具体落实，已经对国内居民生活设施、交通出行方式、餐饮文化等绿色生活方式产生改变性影响。总结上述认知，通过对外直接投资逆向影响了面向居民消费的产品与服务供给本身绿色化生产以及需求主体的绿色化消费促进了绿色生活水平的提升。

再次，关于对外直接投资逆向作用于资源环境可持续发展的效应机制：对外直接投资的资源环境可持续发展效应机制是前述的绿色生产效率与绿色生活水平提升效应机制的延伸。具体来讲：外延式绿色生产效率提升减少了国内资源消耗，提高了国内资源承载力水平。内涵式绿色生产效率提升促进了资源利用率，延长了资源消耗周期。生活产品与服务的绿色供给减少了污染排放，促进了资源的可持续利用。生活产品与服务需求的绿色化促进了可持续消费发展。总结上述认知，生产与消费端或供给与需求侧对资源的节约/集约消耗与使用、可再生资源的开发与创造、资源使用系统/模式的改善与创新等，促进了生产力创新发展与生产关系和谐调整，最终提升了资源环境承载力，促进了资源环境可持续发展。

最后，关于对外直接投资逆向作用于推进政府绿色政策支持的效应机制：从中国政府关于"碳减排"与"碳中和"等承诺的实施中，我们可以发现：中国通过对外直接投资在深度参与国际合作的同时，会受到所谓"全球共同体"意识影响，这将进一步强化政府关于绿色发展的政策力度与资金投入。从发挥市场决定作用和更好发挥政府作用以弥补市场失灵的角度，我们可以发现：通过发挥市场决定作用鼓励经济高质量"走出去"以实现经济质量、结构、效率与效益的提升，这将会促进经济增长、加快产业结构调整与技术水平升级即实现所谓的"三效应"①；同时，还要更好发挥政府作用以弥补市场失灵，对外直接投资的"三效应"将有助于政府充盈用于绿色发展的财政资金投入，有助于政府提升引导绿色产业发展的财税政策效果，有助于政府

---

① 由 Grossman 和 Krueger 在 1991 年提出的"三效应"即所谓的"规模效应""结构效应""技术效应"，其强调了对外直接投资对母国在经济增长、产业结构升级与技术进步方面具有明显的影响。由此，可以引申出经济增长带来财税增长，财税增长使得政府的绿色发展资金投入能力增强；产业结构升级为政府财政增长奠定了未来基础，技术进步在促进企业增收的同时也提升了企业的利税上缴能力。总之，我们的分析焦点落在了政府用于支持绿色发展的财政支出能力方面。

提高资金支持绿色技术创新成果的产出效率。总结上述认知，对外直接投资提升了母国经济实力，无论是受到国际环境影响还是出于自我发展需要，母国政府在绿色发展资金投入和政策制定方面既提升了意愿也增强了能力。

上述效应机制作用的发挥还受到多种因素的影响，如东道国的对华政策往往是影响中国企业海外直接投资成败的关键因素；传统能源与清洁能源价格比会影响清洁能源在生产生活中使用比例，促进或缓滞绿色生产效率与生活水平的提升；多元性消费文化对绿色消费的影响，政府政策对行为主体的激励相容还具有不确定性等。因此，上述效应机制的分析并非是完全确定的，还需要通过实证分析加以检验。

第二节　中国区域绿色发展评价与对外直接投资水平

考虑到中国对外直接投资发展的时代特征与进入新时代以来国内经济绿色发展的现实，我们对中国对外直接投资逆向绿色溢出效应的实证检验将采用党的十八大以来的区域面板数据进行分析。

一、中国区域绿色发展评价

梳理有关绿色发展评价指标体系的文献资料，可以发现：联合国亚太经济与社会理事会（UNESCAP）在 2009 年设计了生态效率指标体系[1]，世界知识产权组织在 2010 年按照《联合国气候变化框架公约》界定了 8 大类绿色技术[2]，经济合作与发展组织（OECD）在 2011 年构建了绿色增长监测指标体系[3]，联合国环境署（UNEP）在 2012 年提出了绿色经济测度指标体系[4]，上述指标体系大致包括了资源投入、生产效率、环境影响、规制政策、人类福

---

[1]　UNESCAP. Eco – efficiency Indicators：Measuring Resource – use Efficiency and the Impact of Economic Activities on the Environment，2009.

[2]　分别为节能减排类、废弃物管理类、能源节约类、替代能源生产类、交通运输类、农林类、核电类、行政监管与设计类。参见 The World Bank. Inclusive Green Growth：the Pathway to Sustainable Development，2010.

[3]　OECD. Towards Green Growth：Monitoring Progress OECD Indicator，2011.

[4]　UNEP. Green Economy Indicators-Brief Paper. UNEP，2012.

祉等维度；此外，耶鲁大学和哥伦比亚大学联合制定了对国家和地区进行环境绩效评估的全球环境绩效指数（EPI）[①]，国内学者张欢（2016）、刘冰（2017）、朱金鹏（2018）分别对湖北、山东、新疆等地进行了绿色经济发展评价，所用指标大致涵盖了创新驱动与高质量发展、绿色生产与绿色消费、美丽家园与环境友好等方面。基于上述思想，在考虑到数据可获得性的基础上，结合前述的中国绿色发展效应机制分析的 4 个维度，这里从绿色生产、绿色消费、绿色环境、绿色政策 4 个方面，运用 19 个二级指标构建了刻画中国区域绿色发展的评价指标体系。如表 6 - 1 所示。

表 6 - 1 区域绿色发展评价指标体系

一级指标	二级指标	指标含义	数据来源
生产绿色化程度（green-production, 指标一）	指标 1：单位 GDP 能耗（万吨标准煤/亿元）	负向	《中国统计年鉴》
	指标 2：单位 GDP 水耗（立方米/万元）	负向	《中国统计年鉴》
	指标 3：非化石电力占电力生产总值比重（%）	正向	《中国能源统计年鉴》
	指标 4：工业固体废弃物综合利用率（%）	正向	《中国统计年鉴》
	指标 5：工业用水重复利用率（%）	正向	《中国环境统计年鉴》
生活绿色化程度（green-living, 指标二）	指标 6：人均居民生活用水量增长率（%）	负向	《中国统计年鉴》
	指标 7：人均居民生活用电量增长率（%）	正向	《中国统计年鉴》
	指标 8：人均城市公共交通运营线路网长度（公里/万人）	正向	《中国统计年鉴》
	指标 9：城市生活垃圾无害化处理率（%）	正向	《中国统计年鉴》
	指标 10：城市人均天然气消费量增长率（%）	正向	《中国能源统计年鉴》
	指标 11：建成区绿化覆盖率（%）	正向	《中国统计年鉴》
资源环境可持续发展（green-environment, 指标三）	指标 12：人均水资源量（立方米/人）	正向	《中国统计年鉴》
	指标 13：人均森林面积（公顷/人）	正向	《中国统计年鉴》
	指标 14：人均耕地面积（亩/人）	正向	《中国统计年鉴》
	指标 15：单位 GDP 二氧化硫排放量（吨/亿元）	负向	《中国统计年鉴》
	指标 16：化学需氧量排放量（万吨）	负向	《中国统计年鉴》

---

① Yale Center for Environmental Law and Policy. EPI2012：Environmental Performance Index and Pilot Trend Environmental Performance Index，2012.

续表

一级指标	二级指标	指标含义	数据来源
政策支持绿色化发展（green-financial，指标四）	指标 17：节能保护支出/财政支出（%）	正向	各省统计年鉴
	指标 18：环境污染治理投资/GDP（%）	正向	《中国统计年鉴》
	指标 19：城市环境基础设施建设投资/GDP（%）	正向	《中国统计年鉴》

注：单位 GDP 水耗主要是指剔除生活用水量后的全部用水量与 GDP 之比；非化石电力占电力生产总值比重是指风能、水能、核能、太阳能占全部电力生产总值的比重；环境污染治理投资包括工业污染治理、治理废水项目、治理废气项目、治理固体废物项目、治理噪声项目以及其他项目完成的投资额，其中，2018 年数据缺失，经过笔者处理补充；城市环境基础设施建设投资主要是指水利、环境和公共设施管理业的全社会固定资产投资。

在上述指标体系中，生产绿色化程度指标体系反映的是生产过程中资源与能源消耗以及重复再利用情况，生活绿色化程度指标体系反映的是生活资源消耗趋势、绿色生活方式以及生活环境改善情况，资源环境承载力指标体系反映的是资源环境对人类活动的承受或供养能力，政策支持绿色化发展指标体系反映的是政府改善环境的政策性资金投入情况。经过指标数据的收集与整理，共获得 19 个指标在 2012 ~ 2019 年 30 个省份①的 4560 个数据，其中，考虑到可获得指标的数据统一完整性，所有数据均截至 2019 年。我们对数据指标处理的基本思路是：首先，为了克服各指标单位不一致问题，对各指标进行标准化处理，计算方法如式（6-1）所示，经过标准化处理的指标数值越接近 1 代表越好；其次，运用熵权法来确定各指标权重以避免主观赋值带来的误差，计算方法如式（6-2）所示，经过测算，4 项二级指标权重虽然在年度之间有所波动，但基本维持了 0.30∶0.29∶0.27∶0.14 的大致比例；最后，将权重计算结果代入式（6-3），计算 30 个省份的绿色发展评价得分，计算结果如表 6-2 所示。

$$Y_{ij} = Z_{1,2} / \left[\max (X_i) - \min (X_i) \right]; \quad Z_1 = X_{ij} - \min (X_i), \quad Z_2 = \max (X_i) - X_{ij}$$

$$(6-1)$$

式（6-1）中，Y 为标准化处理后数据，X 为原始数据，ij 为第 i 个省份第 j 项指标，Z_1，Z_2 分别对应的指标含义为负向或正向时与最优值的差距。

---

① 西藏和港澳台地区未纳入研究范畴。

$$W_i = \frac{(1 - E_j)}{(K - \sum E_j)}; \quad E_j = -\ln(n)^{-1} \sum_{i=1}^{n} p_{ij}\ln p_{ij}; \quad p_{ij} = \frac{Y_{ij}}{\sum_{i=1}^{n} Y_{ij}} \quad (6-2)$$

式（6-2）中，W 为通过信息熵计算各指标的权重，E 为各指标的信息熵；K 为指标个数即对应 4 个一级指标所涵盖的二级指标个数，分别是 5、6、5、3；n = 30 即 30 个省份；如果 $p_{ij} = 0$，则定义 $\lim\limits_{p_{ij} \to 0} p_{ij}\ln p_{ij} = 0$。

$$Z_{i,t}^g = \sum_{j=1}^{k} X_{ij} W_i \quad (6-3)$$

式（6-3）中，Z 为各省份标准化数据的加权得分，g 分别代表指标一、指标二、指标三、指标四以及综合得分，t 为 2012～2019 年。

表 6-2　　　　2012～2019 年区域绿色发展评价年均得分与排名情况

区域	综合得分		生产绿色化程度		生活绿色化程度		资源环境承载力		政策支持绿色化发展	
	均值	排名	均值	排名	均值	排名	均值	排名	均值	排名
北京	0.600	3	0.650	20	0.688	1	0.610	6	0.294	13
天津	0.618	1	0.839	4	0.587	7	0.588	7	0.284	15
河北	0.513	24	0.657	19	0.536	18	0.359	28	0.452	7
山西	0.531	19	0.618	25	0.547	16	0.435	21	0.494	5
内蒙古	0.587	6	0.543	26	0.574	8	0.652	3	0.576	3
辽宁	0.491	28	0.663	18	0.525	20	0.419	24	0.194	28
吉林	0.527	20	0.669	16	0.354	29	0.615	5	0.416	8
黑龙江	0.479	29	0.507	27	0.386	28	0.634	4	0.314	12
上海	0.583	7	0.847	2	0.557	14	0.586	8	0.082	30
江苏	0.563	12	0.824	6	0.630	5	0.385	26	0.216	26
浙江	0.604	2	0.840	3	0.642	2	0.515	16	0.206	27
安徽	0.570	8	0.810	7	0.568	11	0.465	19	0.276	17
福建	0.599	4	0.836	5	0.593	6	0.536	13	0.242	23
江西	0.535	18	0.626	24	0.638	3	0.474	18	0.247	22
山东	0.546	14	0.803	9	0.638	4	0.314	29	0.260	19
河南	0.515	23	0.782	10	0.490	24	0.381	27	0.262	18
湖北	0.545	15	0.808	8	0.517	21	0.445	20	0.241	24
湖南	0.501	27	0.650	21	0.528	19	0.419	23	0.287	14

续表

区域	综合得分		生产绿色化程度		生活绿色化程度		资源环境承载力		政策支持绿色化发展	
	均值	排名	均值	排名	均值	排名	均值	排名	均值	排名
广东	0.525	21	0.850	1	0.574	9	0.291	30	0.188	29
广西	0.565	10	0.737	12	0.569	10	0.533	14	0.260	20
海南	0.570	9	0.645	23	0.568	12	0.665	2	0.241	25
重庆	0.563	13	0.664	17	0.544	17	0.565	10	0.383	10
四川	0.517	22	0.740	11	0.509	23	0.424	22	0.249	21
贵州	0.535	17	0.673	15	0.467	25	0.475	17	0.497	4
云南	0.565	11	0.722	13	0.512	22	0.572	9	0.331	11
陕西	0.592	5	0.713	14	0.552	15	0.560	11	0.481	6
甘肃	0.502	26	0.649	22	0.353	30	0.553	12	0.400	9
青海	0.536	16	0.484	28	0.440	26	0.665	1	0.596	2
宁夏	0.503	25	0.471	29	0.559	13	0.418	25	0.612	1
新疆	0.357	30	0.161	30	0.434	27	0.526	15	0.283	16

注：限于篇幅，表中略去了各省份的分年度绿色发展评价得分，仅给出了年均得分以及年均得分的各地区排名。

上述分析结果中，从综合排名前1/3的地区来看，有几类情况值得关注：一是北京的生产绿色化程度二级指标排名位列全国第20位，拉低了其全国综合排名。这主要是由于随着北京地区重污染产业向外转移，使统计期内的非化石电力占电力生产总值比重、工业用水重复利用率指标较低所致，这实际上说明了北京的绿色发展是以舍弃工业发展为代价的。二是天津因为4项二级指标中有3项进入1/3、1项指标居中而赢得综合排名第1位，这反映了天津一方面受到"绿色北京"与"京津冀一体化"的影响，另一方面在生产绿色化发展方面也取得了较为明显的成效，与北京的"去工业化"形成对比。三是综合排名第2位的浙江的政策支持绿色化发展指标偏低，这应该与其前期政府财政投入致使后期可投入空间相对缩小有关，与此相似的还有福建和上海，这说明，这些城市绿色发展增速开始进入平缓期。四是4项二级指标中仅有1项指标进入前1/3但综合排名却进入了前10强的省份如陕西、安徽、广西，这说明，这些省份促进绿色发展的潜力空间明显，即其余3项指标排名目前均居于中游水平。五是内蒙古和海南主要凭借资源环境承载力而进入前10强，它们的绿色发展综合排名靠前主要是因为具有先天资源禀赋优势。

此外，在综合排名后1/3的省份中，广东的生产绿色化发展与生活绿色发展程度二级指标排名位居全国第1位和第9位，但是其余2项指标则位列全国倒数第1位和倒数第2位；宁夏的政策支持绿色化发展二级指标排名位列全国第1位，但生产绿色化发展二级指标却位列全国倒数第2位；黑龙江的资源承载力位列全国第4位,但其余指标中有2项位列倒数第3位和倒数第4位,1项指标居中,等等。上述省份绿色发展排名情况基本与人们的一般性认识相符,这说明我们所构建的绿色发展指标体系具有较好的科学性与代表性。

二、中国区域对外直接投资水平

进入新时代以来,中国对外直接投资快速增长,2020年较2012年的流量增长1.75倍,达到1537.1亿美元,全球排位上升至第1位;存量增长4.85倍,达到25806.6亿美元,全球排位上升至第3位,此期间内的流量增长占2020年底存量规模的48.5%[①]。从对外直接投资存量来源的区域分布看,东部地区占比由69.79%升至81.75%,中部地区占比由9.05%下降至7.16%,西部地区占比由12.30%下降至8.34%,东北三省占比由8.86%下降至2.75%(如图6-2所示)。新时代以来的中国对外直接投资流量为历史存量作出了近一半的贡献,其中的主力又主要来源于东部地区省份。按照30个省份划分的对外直接投资与相对应的绿色发展综合评价得分存在同样的变化趋势,如图6-3所示。

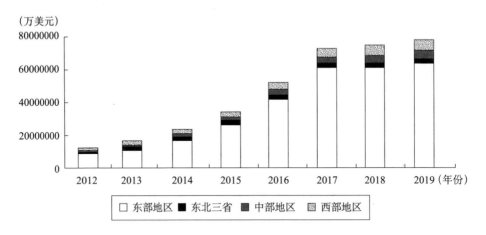

图6-2　中国分区域的对外直接投资(存量)情况[②]

---

① 依据《2020年度中国对外直接投资统计公报》相关数据测算。
② 东部地区包括北京、天津、河北、上海、江苏、浙江、福建、山东、广东和海南;中部地区包括山西、安徽、江西、河南、湖北和湖南;西部地区包括内蒙古、广西、重庆、四川、贵州、云南、陕西、甘肃、青海、宁夏和新疆(其中,考虑到与前面的区域绿色发展评价相对应,西藏暂未包括其中);东北地区包括辽宁、吉林和黑龙江。

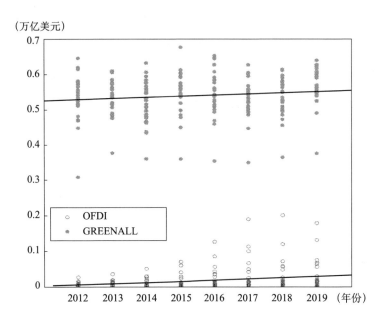

图 6 - 3　中国分区域对外直接投资与绿色发展趋势

注：OFDI 为各省份的对外直接投资存量额度，GREENALL 为相对应的绿色发展综合评价得分。

第三节　中国对外直接投资逆向绿色溢出效应的实证检验

基于前述的中国对外直接投资逆向绿色溢出效应机制分析及其构建的绿色发展评价指标体系与评价得分情况，这里，我们通过构建回归模型，估计模型系数并对其进行稳健性检验与动态分析，验证逆向绿色溢出效应的存在性并发现其特征。

一、模型设计

向量自回归模型（VAR）通过建立系统的多方程回归模型将所有变量视作内生，可以反映出变量之间的相互关系，但该模型要求具有较长的时间序列数据。20 世纪 90 年代以来，在宏观经济学领域中面板 VAR 模型（以下简称 PVAR 模型）的广泛应用克服了对数据长时间跨度的要求。我们采用国内

30 个省/份[①]的对外直接投资存量额度、绿色发展综合评价得分构建 PVAR 模型，同时对相应数值取自然对数，以反映弹性变化关系，具体方程如下：

$$\ln OFDI_{it} = \alpha_0 + \sum_{j=1}^{n} \alpha_{1j} \ln OFDI_{it-j} + \sum_{j=1}^{n} \alpha_{2j} \ln Green_{it-j} + \varepsilon_{1it}$$

$$\ln Green_{it} = \beta_0 + \sum_{j=1}^{n} \beta_{1j} \ln OFDI_{it-j} + \sum_{j-1}^{n} \beta_{2j} \ln Green_{it-j} + \varepsilon_{2it} \qquad (6-4)$$

其中，OFDI 代表对外直接投资，Green 代表绿色化发展评价得分；i 表示省份，t 表示年份，j 表示时间滞后阶数。系数 α_{2j} 反映的是绿色发展对 OFDI 的影响，若显著大于零，说明绿色发展显著促进了 OFDI 增长；系数 β_{2j} 反映的是 OFDI 对绿色发展的影响，若显著大于零，说明对外直接投资促进了绿色发展显著增长。

令 $y_{it} = [\ln OFDI_{it}, \ln Green_{it}]'$ 为 2×1 维向量，模型中包含了 2 个内生变量，则 PVAR（p）模型的第 m 个方程可以表示为：

$$y_{it}^m = x'_{it} b_m + \gamma_i^m + \phi_t^m + \varepsilon_{it}^m \qquad (6-5)$$

其中，$x_{it} = [y'_{it-1}, y'_{it-2}, \wedge, y'_{it-p}]'$ 是一个 $M \cdot P \times 1$ 维向量，包含了所有内生变量的时滞项，b_m 是一个 $M \cdot P \times 1$ 维的系数向量，γ_i^m 和 ϕ_t^m 分别表示个体效应和时间效应，ε_{it}^m 为干扰项。

二、模型估计

在正式估计 PVAR 模型前，必须确定 PVAR（p）模型的滞后阶数 p。我们采取常用 Akaike 信息准则（AIC）、Baysian 信息准则（BIC）、Hannan 和 Quinn 信息准则（HQIC），依据信息量取值最小的准则确定模型的滞后阶数，如表 6 - 3 中"滞后阶数检验"部分所示，该模型为滞后 1 阶模型。一般来讲，面板数据模型主要有混合效应、固定效应、随机效应三种模型，这里采用三种模型的估计结果见表 6 - 3 中"模型估计结果"部分，F 检验和 hausman 检验表明，在三种模型中，应使用混合效应回归模型对式（6 - 5）进行估计。

---

① 这里不包括西藏和港澳台地区。

表 6 - 3　　　　　　　　PVAR 模型的滞后阶数检验与估计结果

滞后阶数检验	PVAR（1）		PVAR（2）		PVAR（3）	
AIC	- 2.59694 *		- 2.46381		- 2.43906	
BIC	- 1.46166 *		- 1.09898		- 0.766566	
HQIC	- 2.13663 *		- 1.90932		- 1.75985	
模型估计结果	混合效应		固定效应		随机效应	
	$lngreen_{t-1}$	$lnOFDI_{t-1}$	$lngreen_{t-1}$	$lnOFDI_{t-1}$	$lngreen_{t-1}$	$lnOFDI_{t-1}$
（1）$lngreen_t$ 方程	0.753 ***	0.01 *	- 0.0515	0.0133 *	0.753 ***	0.00555
	(0.0847)	(0.00256)	(0.0811)	(0.00631)	(0.0431)	(0.00347)
常数项	- 0.1159841　(0.04646)		- 0.5805123　(0.06042)		- 0.1159841　(0.02990)	
观测值	210		210		210	
R^2	0.6161		0.3237		0.6161	
F	61.42		16.49			
hausman 检验	—		Prob > chi^2 = 0			
（2）$lnOFDI_t$ 方程	$lngreen_{t-1}$	$lnOFDI_{t-1}$	$lngreen_{t-1}$	$lnOFDI_{t-1}$	$lngreen_{t-1}$	$lnOFDI_{t-1}$
	0.390 *	0.946 ***	0.417	0.808 ***	0.420 **	0.932 ***
	(0.165)	(0.0145)	(0.288)	(0.0224)	(0.162)	(0.0130)
常数项	0.206　(0.116)		- 0.509 *　(0.215)		0.153　(0.113)	
观测值	210		210		210	
R^2	0.9722		0.8995		0.9722	
F	2283.32		284.25			
hausman 检验	—		Prob > chi^2 = 0			

注：滞后阶数检验中的 * 代表显著性；模型估计结果中的 t - 1 代表一阶滞后，***、**、* 分别代表在 1%、5% 和 10% 水平上显著，小括号内为标准误差。

从表 6 - 3 中可以看出：绿色发展与对外直接投资受到上一期自身发展水平影响明显，在 1% 水平上呈现显著性影响，绿色发展受到上一期影响的弹性系数为 0.753，对外直接投资受到上一期影响的弹性系数为 0.946。绿色发展受到对外直接投资影响即"对外直接投资的逆向绿色溢出效应"在 10% 显著性水平上存在，弹性系数为 0.01。绿色发展也促进了对外直接投资，在 10% 水平上显著，弹性系数为 0.39。从二者互相影响的关系来看，绿色发展促进对外直接投资的作用明显大于"对外直接投资的逆向绿色溢出效应"。

三、稳健性检验

为了呈现该结论的稳健性，我们采用两种方式进行稳健性检验（见表 6 - 4）：一是按照东部 + 中部地区（19 个省份）、中部 + 西部地区（17 个省份）进行样本分割并展开 PVAR 模型回归；二是以绿色发展评价的 4 个二级指标代替绿色发展综合评价指标作为被解释变量，分析其与对外直接投资的关系，重点检验的是对外直接投资的逆向绿色溢出效应。

表6-4　稳健性检验

混合效应模型分析	东中部地区		中西部地区	
	lngreent$_{t-1}$	lnOFDI$_{t-1}$	lngreent$_{t-3}$	lnOFDI$_{t-3}$
(1) lngreent 方程	0.582*** (0.0823)	0.0127* (0.00503)	0.775*** (0.0562)	0.0430** (0.0113)
常数项	-0.188*** (0.0424)		0.133*** (0.0319)	
观测值	133		85	
R²	0.4304		0.9933	
F	55.80		9691.28	
	lngreent$_{t-1}$	lnOFDI$_{t-1}$	lngreent$_{t-3}$	lnOFDI$_{t-3}$
(2) lnOFDI$_t$ 方程	0.842*** (0.211)	0.962*** (0.0186)	0.211 (0.240)	0.833*** (0.0435)
常数项	0.576*** (0.117)		-0.110 (0.126)	
观测值	133		85	
R²	0.9672		0.9944	
F	1756.23		1405.16	

逆向绿色溢出效应模型估计	(1) lngreen-Pro 方程			(2) lngreen-liv 方程			(3) lngreen-env 方程			(4) lngreen-fin 方程		
	混合效应	固定效应	随机效应	混合效应	固定效应	随机效应	混合效应	固定效应	随机效应	混合效应	固定效应	随机效应
lngreen-W$_{t-1\ or\ 2}$	0.93*** (0.009)	0.49*** (0.072)	0.93*** (0.02)	0.42*** (0.081)	-0.1 (0.076)	0.42*** (0.061)	0.87*** (0.041)	0.01 (0.099)	0.87*** (0.037)	0.54*** (0.049)	0.29*** (0.065)	0.50*** (0.047)
lnOFDI$_{t-1\ or\ 2}$	0.01 (0.003)	0.01 (0.009)	0.005 (0.004)	0.029*** (0.01)	0.03 (0.019)	0.03** (0.01)	0.003 (0.005)	0.04** (0.012)	0.003 (0.006)	0.06* (0.023)	0.05 (0.038)	0.055* (0.024)
常数项	-0.0002 (0.015)	-0.18* (0.06)	-0.0002 (0.02)	-0.21*** (0.05)	-0.57*** (0.11)	-0.21*** (0.06)	-0.06 (0.034)	-0.49** (0.093)	-0.06 (0.049)	0.92*** (0.162)	-0.59*** (0.216)	-0.92*** (0.165)
观测值	210			210			210			180		
R²	0.9367	0.3988	0.9367	0.27	0.268	0.2700	0.7392	0.3554	0.7392	0.6152	0.1731	0.6152
F	5370.82	51.82	—	30.97	12.56	—	250.01	14.58	—	74.60	13.25	—
hausman 检验	Prob > chi2 = 0			Prob > chi2 = 0			Prob > chi2 = 0			Prob > chi2 = 0.0002		

注：这里根据前文的滞后阶数检验方法确定滞后期；在"逆向绿色溢出效应模型估计"内的"lngreen-W$_{t-1\ or\ 2}$"在与本表横行相交的纵列数值处分别代表lngreen-Pro、lngreen-liv、lngreen-env、lngreen-fin，其中方程（1）～方程（3）滞后一期，方程（4）滞后二期。

在表6-4的按照东中部、中西部分别缩小样本量的"混合效应模型分析"中，我们可以发现：与表6-3结论对比，对外直接投资的确促进了母国绿色发展，东中部地区的弹性系数在10%显著性水上为0.0127，中西部地区的弹性系数在5%显著性水平上为0.043。此外，我们还有一些新发现：中西部地区的对外直接投资逆向绿色溢出效应是东中部地区逆向绿色溢出效应的3.4倍，国内"较欠发达地区"的逆向绿色溢出吸收能力明显强于国内"发达地区"的逆向绿色溢出吸收能力。这可能是因为我们对数据进行了求自然对数处理，将其转化为弹性角度的增量考察，所以，这种差异反映的是中西部地区绿色发展的增速明显快于东中部地区的情形。绿色发展与对外直接投资均具有很强的跨期传导性即受前期发展影响明显，对比表6-3中绿色发展跨期传导的弹性系数为0.753，这里该弹性系数分别是0.582（东中部地区）、0.775（中西部地区）；表6-3中对外直接投资跨期传导的弹性系数为0.946，这里该弹性系数分别是0.962（东中部地区）、0.833（中西部地区），它们具有很好的趋势一致性。与表6-3相一致的是，东中部地区绿色发展也促进了对外直接投资，在1%显著性水平上的弹性系数为0.842，但中西部地区的该关系不显著性。究其可能的原因是，随着东中部地区企业产品与服务绿色化发展升级，其更符合东道国产业政策，因此，促进了对外直接投资；而中西部地区企业产品与服务绿色化发展水平相对滞后，或者选择非受东道国绿色产业政策限制的领域开展对外直接投资，因此，中西部地区绿色发展对对外直接投资的影响不显著。

在表6-4的"逆向绿色溢出效应模型估计"中，我们可以发现：对外直接投资对生活绿色化程度（green-liv）、资源环境可持续发展（green-env）、政策支持绿色化发展（green-fin）的影响分别在1%、5%和10%的显著性水平上的弹性系数是0.03、0.04和0.06，这基本验证了"逆向绿色溢出效应"的存在。对外直接投资对生产绿色化程度（green-Pro）的逆向溢出效应虽然未通过显著性检验，但也呈现出相似的正相关性系数。由此可知，中国对外直接投资逆向影响母国绿色发展的主要效应表现为对绿色生活、资源承载力以及政府绿色政策的影响。客观地讲，中国对外直接投资的逆向绿色发展效应还是甚微的。无论是弹性系数的数值较小，还是4个二级指标的显著性问题，这都意味着中国政府、企业、社会与居民家庭对于绿色发展的内生共识需要转化内生驱动力。随着来自海外投资企业的技术与国内企业技术之间的梯度差距越来越小，其在国内的绿色技术外溢效应也会变的有限（也可能是国外的保护主义限制了技术的外溢）。与之不同，在绿色低碳生活方式以及政府支持绿色发展与减排的政策方面，值得中国借鉴的内容更多，而且国外政府针对于此的保护主义行为更少。

四、脉冲效应分析

前述的 PVAR 模型验证了中国对外直接投资逆向绿色溢出效应的存在。接下来，我们通过脉冲响应函数分析来考察"外生冲击"对内生变量的动态影响即中国对外直接投资与绿色发展相互影响的时间路径。图 6-4 报告了 PVAR 模型所估计的正交化的脉冲响应函数图形，以及根据蒙塔卡洛模拟 200 次得到的各自 5% 标准误差的置信区间。图形仍然显示出了对外直接投资与绿色发展综合评价指标之间具有较好的双向互动效应。

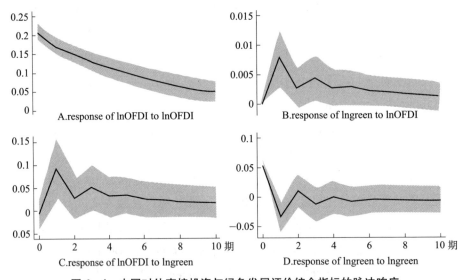

图6-4　中国对外直接投资与绿色发展评价综合指标的脉冲响应

从图 6-4 中可以看出：一个对外直接投资的正冲击对绿色发展评价综合指标的当期影响为 0，第二期以后均为正值且在第二期趋于最大（0.077），其后跌宕波动趋于下降，但在滞后 10 期内依然存在正面影响（见图 B）；当期对外直接投资对对外直接投资的正冲击产生较大的正向影响，以后各期逐渐递减，这说明对外直接投资存在惯性即初始海外投资会带动后续的多期追加投资增长（见图 A）。如政府推进"一带一路"建设，鼓励企业"高质量走出去"促进了中国企业的对外直接投资增长，但是同期的绿色发展并未受到影响，而是在第二期产生最大的滞后影响，其后的影响降低，但总的来说，其对绿色发展的影响依然是正面的。这进一步说明了对外直接投资的逆向绿色溢出效应存在且具有时滞性，滞后一期内最为明显。一个绿色发展正向冲击对当期对外直接投资具有微小的负向影响，第二期最大（0.096），其后也是跌宕波动趋于下降，但总体为正（见图 C），这说明绿色发展在当期影响对外直接投资略有下降，但其后是正向影响；其趋势与图 B 相似，这说明对外直接投资与绿色发展之间具有较好的交互影响。一个绿色发展正向冲击对当期绿色发展具有较明显的正向影响，滞后一期影响为负，滞后二期影响为正，其后反复并在滞后 6 期时，总体趋于 0（见图 D），这意味着外生冲击（如强制性政策规制）引起当期绿色发展指标明显提升但不可持续，可能的原因是这些"外生冲击"并不是决定绿色发展的关键。如政府颁布"限塑令"，人们在当期会减少使用塑料产品，但在其后很多人也愿意付费购买塑料袋，于是出现反复，但在长期内影响逐渐消逝。可能的原因是政策存在"非激励相容问题"即用付费塑料袋取代免费塑料袋在短期内无法改变行为主体长期养成的消费习惯，此时政府及其相关部门的执行力尤为重要，"时紧时松"的执行力可能就是出现"反复"的原因之一。再如政府颁布"碳减排"指标，各省份会减少煤炭使用，但受限于替代能源与技术发展的成熟度或市场价格，可能存在的"矫枉过正"问题导致了煤炭的"报复性消费"，在"硬指标约束"与"使用需求"之间的摇摆，导致反复波动。

第四节　结论

在中国经济锚定高质量转型发展的时代方位并不断推进的过程中，绿色发展是中国式现代化的内生特征，这是由当今世界格局形成的外生压力与国内发展全局决定的内生动力共同孕育的。开放发展要求国内外两个市场互动交流，这又是"弄潮"世界百年未有之大变局与实现中华民族伟大复兴战略的路径选择。在绿色发展中扩大对外开放，在对外开放中促进绿色发展。中国对外直接投资逆向绿色溢出效应研究是对中国经济高质量发展的具有新时代与新发展阶段特征的维度解析。通过上述分析，这里得到主要结论如下：

首先，中国对外直接投资具有逆向绿色溢出效应的实践经验特征。基于投入产出视角的生产效率与能源效率提升或新能源与新要素替代使用的机制梳理，我们发现中国资源寻求型、技术寻求型、市场寻求型对外直接投资在主客观上可以影响国内生产的绿色发展。基于"跟随性对外直接投资"与绿色生活方式示范性影响的机制梳理，我们发现中国对外直接投资可以促进国内生活资料供给与需求内容的绿色化发展。上述两方面的绿色化发展提升了资源承载力，此外，政府财政支持绿色发展的愿望与能力因为"高质量走出去"产生的"高质量引回来"而得到大幅提升，促进了由政府主导的绿色发展成效明显提升。

其次，中国对外直接投资存在逆向绿色溢出效应的实证检验证据。运用PVAR模型对中国对外直接投资与绿色发展在2012～2019年的区域面板数据做回归分析结果显示：中国绿色发展存在较为明显的自相关性，受对外直接投资影响的弹性系数为0.01，通过样本重新分割后的稳健性检验是显著的，此外，脉冲效应分析表明对外直接投资对绿色发展的影响在滞后一期内最为明显，其后呈现动态衰减。按照4个二级指标设定的绿色发展与对外直接投资的逆向绿色溢出效应模型估计结果显示：生活水平绿色化程度、资源环境承载力与政策支持绿色化发展方面的逆向溢出效应显著。综而论之，中国对外直接投资存在可实证检验的逆向绿色溢出效应证据。

再次，中国绿色发展促进对外直接投资增长的作用更为明显。PVAR模型估计结论表明，绿色发展促进对外直接投资的作用明显大于对外直接投资的逆向绿色溢出效应，稳健性检验证明了该结论。由此可引申出"绿色发展促进对外直接投资，对外直接投资增长促进绿色发展，二者互为循环"的结论，在动态脉冲效应分析中又进一步证明了二者的双向互动效应。

最后，中国区域绿色发展综合评价得分水平总体呈现为"东、中、西、东北"的降序排列。从4个二级指标的区域与年度平均水平比较来看（见图6-5）：东部地区的绝对优势在于生产效率与生活方式的绿色化程度高，劣势在于财政投入比例较低；中部地区无明显绝对优势，但具有资源环境承载力水平低的绝对劣势；西部地区具有政策支持绿色发展水平高的绝对优势，以及生产绿色化程度低的绝对劣势；东北地区具有资源环境承载力高的绝对优势，以及生活绿色化程度水平低的绝对劣势。

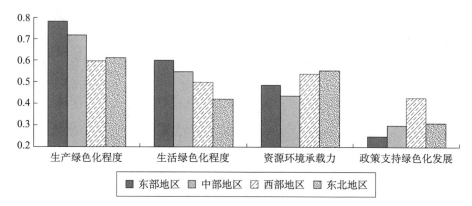

图 6 - 5　绿色发展二级指标的区域与年度平均水平（2012～2019 年）

基于以上结论，这里提出对策建议如下：

一是在中国对外直接投资的引导政策中明确嵌入对于促进国内绿色发展技术与有效标准升级的制度安排，将政策着眼点落在鼓励逆向绿色溢出效应机制发挥作用方面。如探讨设计国内企业投资海外重点资源领域并与国内形成上下游供应链关系的所得税优惠政策，搭建消化吸收海外绿色技术应用与转化的国内外共享平台，在资源型或相对过剩产业的转型升级中设定"奖励性质"或"红线性质"的绿色指标，通过财政、税收、金融等政策鼓励绿色消费产品与服务的有效供给与有效需求发展及其供求均衡，因地制宜探讨上级地方政府对下级地方政府财政投入绿色发展的配套投入机制。

二是树立"中国绿色投资"的国家品牌形象，在"绿色发展——对外直接投资——绿色发展——对外直接投资……"双向互动循环中，中国对外直接投资项目应该成为东道国区域范围内的绿色发展典范与集聚中心，在发达的东道国发挥"集聚——扩散效应"，才能在母国发挥好"学习消化——应用吸收——再创新"的作用；在欠发达的东道国发挥"扩散——集聚效应"赢得信任与合作，才能为母国的"资源国内供应"与"海外市场开拓"取得长久共赢发展。

三是地方政府的绿色发展政策应各有侧重，突出政策制定的科学性与针对性,确保政策"时间一致性"。东部地区用于绿色发展的财政资金投入绝对额很高,如广东省 2012～2019 年累计投入用于环境保护的财政资金 3403 亿元,居全国第一位①,但占财政支出比例却并不高,拉低了该省的绿色发展综合指标排名。从共同富裕发展目标的角度来讲,绿色发展也是共同富裕的重要内涵,因此,对于东部地区而言,绿色发展政策的重点是财政资金用于绿色发展的投入结构升级,加强面向绿色生产的智能型产业发展、面向绿色生活的发展型消费升级、面向绿色环境资源涵养的生态共同体运营、面向绿色财政结构转型的治理体系与治理能力发展等方面的重点投入。对于中部地区而言,政府的绿色政策应偏向于资源承载力和环境可持续发展方面,结合黄河重点生态区与长江重点生态区的保护性开发与利用进行重点布局。对于西部地区而言,生产绿色化程度偏低是"短板",因此,加强绿色技术应用,减少生产性污染排放,提高资源利用率与循环使用效率是关键。对于东北地区而言,倡导和普及绿色生活方式,提高生活绿色化程度是重点。此外,为提升政府政策的实施效果,绿色发展政策应因地制宜,具有可操作性,强化执行力度,避免"上有政策、下有对策"现象出现。针对政策执行力不到位或执行机构不作为的问题,若长此以往,其将影响政府公信力,降低后续的绿色发展政策效果,对此,政府部门必须予以重点关注。

---

① 数据来源:《中国统计年鉴(2013～2020)》,经笔者计算而得。

第七章　中国对外直接投资的国内就业影响

　　国内循环为主体、国内国际双循环相互促进的新发展格局，既是受世界百年未有之大变局影响所致，也是长期内中华民族伟大复兴战略任务下的科学决策而定。中国经济发展战略路径基调的调整，要求对国内外两个市场、两种资源的再协调与再平衡。"十四五"规划中明确提出"引进外资和对外投资协调发展"，要"实现高水平走出去"。从中国对外直接投资发展来看，以2015年为拐点，对外直接投资年度值超过实际使用外资额，中国已成为资本净输出国家。从资本净输入国家转为资本净输出国家，中国政府和学界的传统视角和敏感问题关注点需要进行调整，开放经济下国民福利尤其是关于国内就业影响研究的重要性应被提升。20世纪下半叶以来在发达国家被普遍关注的"产业空心化"问题，特别是2008年全球危机后美国政府的"制造业回流"政策①已重新引起学者们关于对外直接投资与国内就业关系的讨论。从中国的现实发展情况来看，"十四五"规划发展目标要求城镇调查失业率控制在5.5%以内，实现"更加充分"与"更高质量"就业，这意味着中国的就业问题在数量上要求稳定现有就业规模、扩大潜在就业路径，质量上要

---

　　① 该政策始于2008年奥巴马竞选期间提出，2017年特朗普政府出台了新一轮税改法案，开始鼓励海外企业资本回流美国投资。虽然美国现任总统拜登对于特朗普时期的许多政策进行了修正，但是"制造业回流"政策依然被传承下来，2021年1月，拜登签署了被称为"买美国货"的行政命令，预计未来四年内将有4000亿美元的政府预算用于购买本土商品与服务，其政策所指在于发展国内产业，创造国内就业岗位。

求客观的劳动者收入实现"两个同步、两个提高"① 与主观的劳动者"幸福指数"提升。一方面，中国对外直接投资要实现高水平走出去，另一方面，国内经济发展要实现高质量就业，因此，无论是基于新时代中国特色社会主义经济学理论创新与发展的需要，还是在完成全面建成小康阶段性任务后开启全面建设社会主义现代化国家新征程中要面对的新情况与新问题的破解所需，中国对外直接投资的母国就业影响研究都具有明显的时代性与前瞻性价值。

目前，对外直接投资母国就业影响的研究工作并没有形成完整统一的分析框架与结论，其大多是建立在对技术创新、投资与贸易等问题研究中所形成的延伸性或拓展性研究。导致该问题研究的非焦点化成因主要是对外直接投资最初由发达国家而起，基于"中心—外围"或"比较优势"思想，微观主体即跨国企业的利益最大化诉求排斥或忽略了带有社会属性的就业问题；而发展中国家的对外直接投资更是强调"补短板""抢机遇"思想，宏观主体即国家的利益诉求暗含了将"就业替代"看作是发展中的"成本"而接受，同样没有将国内就业问题看作是重要的影响因素。然而，无论是发达国家还是发展中国家都处于其既定的发展阶段内，囿于其"固定发展轨道"，形成了"路径依赖"与"思维困境"。但是，针对转型国家，如中国由制造业大国向制造业强国、由工业社会向现代信息化社会、由初级市场化向成熟市场化等系列转型发展时，传统路径被新发展格局所替代、原有思维模式被新发展规划所取代，这要求新主张、新谋定与新出路。"国民就业"是"共享发展成果，实现人民共同富裕"的中国特色社会主义基本制度的内在属性与必然性价值主张，所以，该问题的研究对中国而言具有深刻价值。此外，美国等西方国家自400 多年前开始确立工业化发展路径并且成功后，一直坚信"中心—外围"理论，并推行"以我为中心"的全球价值理念及其自我定位。直到 20 世纪 80 年代"里根经济学"与"撒切尔夫人改革"，开启了"美国梦的破碎"与"英国

① 所谓"两个同步、两个提高"是指党的十八大报告中所提出的"努力实现居民收入增长和经济发展同步、劳动报酬增长和劳动生产率提高同步，提高居民收入在国民收入分配中的比重，提高劳动报酬在初次分配中的比重"，这是对中国在未来相当长一段时期内收入分配基本格局的明确。就业质量与劳动者收入具有密切关系，劳动者收入的绝对和相对增长对于提升劳动者的就业满意度具有重要影响。

的自由化改革"，金融信贷支撑下的美国经济实力被过度透支，私有化肢解了英国"从摇篮到坟墓"的公共福利社会架构，其结果是"产业空心化"与"英国病"泛起①。与之前的英美发展模式比较而言，其时的英美国家发展轨道已经悄然转型，对外直接投资下的国内就业问题在"选票政治"下开始被关注，这为中国提供了经验教训。因此，无论是从变轨国家或转型国家的共性而言，还是从中国发展进入新时代所面临的新问题来审视，对外直接投资对国内就业的影响研究都是不容忽视的。上述的对外直接投资对母国就业影响研究视角为我们提供了可供借鉴的逻辑分析框架思路。

第一节　研究范式

研究范式主要是指探讨中国对外直接投资对母国就业影响分析时所预设的条件，即该问题研究中"无需证伪"的前提条件以及所遵循的基本理论与采用的基本方法。按照马克思历史唯物主义思想，中国对外直接投资对国内就业影响的研究需要建立在中国特色社会主义经济实践基础之上，因此，研究范式所要确定的"基本条件"实际上就是关于对外直接投资与国内就业的经历实践形成的中国特色国情与未来发展目标界定；而"基本理论"则是在分析中通过所确定的"前提条件"而衍生的对外直接投资对国内就业影响规律的梳理、认识、发现与总结；那么，"基本方法"就是在厘清与辨析"前提条件"、验证与发现"基本理论"时所运用的分析工具与分析逻辑。

一、研究的前提条件：中国对外直接投资及其相关国内就业现状与特征

中国对外直接投资与国内就业的现状及其特征是分析两者间影响关系的前提条件。中国对外直接投资规模发展迅速，具有"政府主导"与"行业集中"

---

① 刘文勇：《发展型消费的制度嵌入研究——基于部分发达国家 20 世纪下半期经济改革的分析》，载于《求是学刊》2021 年第 2 期，第 65 ~ 79 页。

的特征，对外直接投资中的重点行业国内就业数量直接关系到全国就业规模的稳定，国内就业质量的"两个同步"与"两个提高"格局特征已初步显现。

1. 中国对外直接投资的发展历程与特征

1979 年北京友谊服务总公司在日本东京合资开办的"京和股份有限公司"开启了改革开放后的中国对外直接投资活动，1987 年国务院批准中国石化进出口公司进行国际化经营试点开始了大型国企的跨国经营，1992 年党的十四大报告首提"积极发展中国公司的对外投资以及跨国经营"，2000 年九届全国人大三次会议中首次将"走出去"提升到国家战略层面，中国对外直接投资经历了从摸索起步到重视发展的阶段变化。2001 年中国正式加入世界贸易组织为对外直接投资快速发展改善了外部环境，商务部等部门开始颁布《对外投资国别产业导向目录》和《境外投资产业指导政策》等引导性文件。2004 年国家统计局与商务部开始共同对外发布的《2004 年度中国对外直接投资统计公报》健全了对外直接投资统计数据。2007 年中国投资公司（第一家主权投资基金）的成立标志着政府以提高外汇储备使用率为目的的对外投资活动兴起。经过多年发展，中国对外直接投资存量（流量）规模由 2002 年的 299 亿美元（27 亿美元）发展至 2019 年的 21988.8 亿美元（1369.1 亿美元），增长了 73.5 倍（50.7 倍），世界排名由 25 位（26 位）跃升至第 3 位（2 位），具体见图 7 - 1。2017 年开始，国资委、银监会等六部门出台系列措施，针对对外直接投资中的房地产、体育和娱乐产业的非理性投资开始加强监管，按照鼓励、限制和禁止分类施策，开始引导对外直接投资走向健康理性发展。当前，受到国际政治关系影响，对外直接投资总量增速有所下降，但从区域和产业布局来看，针对"一带一路"共建国家和地区制造业的对外直接投资增速有所提升。如 2021 年 1 ~ 2 月，中国非金融类对外直接投资同比下降 7.9%，但是"一带一路"共建国家和地区非金融类对外直接投资同比增长 12.1%，占到同期总额的 19.9%；从行业领域来看，制造业和信息传输业同比增长达到 48% 和 36.9%，对外承包工程完成营业额同比增长 9.3% 且主要集中于基础设施领域①，这表明中国"一带一路"倡议提出以来，国

---

① 商务部：1 ~ 2 月我国对外非金融类直接投资 993.8 亿元 同比下降 7.9%，http：// news. china. com. cn/txt/2021 - 03/18/content_ 77325118. htm。

家政策引导的对外直接投资规模与结构变化明显，正趋于理性增长与结构优化，体现了政府宏观调控的社会主义基本制度优势。

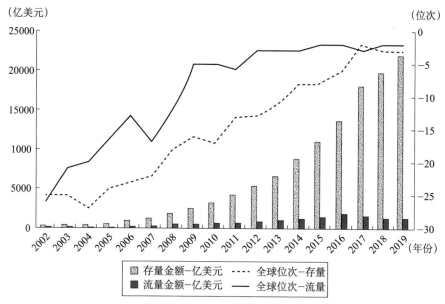

图7-1　中国对外直接投资存量与流量及其全球位次

注：2002～2005年数据为中国对外非金融类直接投资数据，2006～2019年数据为对外全行业直接投资数据。

资料来源：《中国对外直接投资统计公报（2019）》。

中国对外直接投资行业分布主要集中在租赁和商务服务业、批发和零售业、金融业、信息传输/软件和信息技术服务业、制造业、采矿业，上述6个行业截至2019年底的存量合计18618.9亿美元，占中国对外直接投资存量比例为84.8%[①]。从流量变化观察年度走势（见图7-2）可以发现，采矿业递减[②]，制造业递增（应该与"一带一路"建设有关），其余4个行业基本呈现"n"型且拐点在2016～2017年（应该与当时六部委联合采取的对外直接投资分类施策有关）。

[①]　数据来源于《2019年度中国对外直接投资统计公报》。

[②]　一般认为，2013年以来的全球经济增速放缓，全球矿产品价格下降，矿业开始进入深度调整期，相应地，我国采矿业境内投资者和境外企业占比均逐年降低；而且，我国民营企业逐渐成为矿业海外投资的主力，投资矿种向铜、金集中，非常规能源逐渐成为境外收购的重点，投资主体相对减少与投资结构调整的结果导致矿业海外投资流量逐年下降。另外，2017年采矿业对外直接投资流量首次出现负值的原因是境外企业归还境内投资主体股东贷款（即收回投资）金额增多所致。

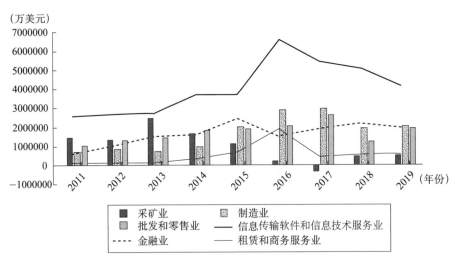

图7－2 中国对外直接投资主要行业的流量走势

资料来源：《2019年度中国对外直接投资统计公报》，经笔者整理。

2. 中国对外直接投资主要行业的国内就业现状与特征

中国对外直接投资中6个主要行业就业人数占全国就业人数比重由2003年6.44%逐年提升至2019年的40.86%，其中，自2014年开始其比重约占1/3有余，这说明，6个行业就业状况直接影响到全国就业稳定。批发和零售业、制造业占6个行业总就业人数比重较为稳定，在76%~82%，进一步说明上述两个行业就业稳定的重要性（见图7－3）。值得注意的是，租赁和商务服务业的中国对外直接投资存量最大，但与之相对应的国内就业规模并非最大[1]。

在"量"的基础上，这里对国内就业进行"质"的考察。一般认为，"就业质量"源自1999年国际劳工组织提出的"体面劳动"即与劳动者相关的"权利得到保护""足够的收入""社会保护""社会对话"。学者们通常以"工资收入""就业流动性""劳资关系""工作环境""社会保障"等指标加以衡量[2]。限于数据的可获得性，这里选取"分行业就业的工资收入水

---

[1] 这说明国内的企业管理服务、法律服务、咨询与调查、广告业、职业中介服务等商务服务行业，以及融资性租赁和经营性租赁业务不发达，直接影响相关的国内就业人数增长。

[2] 参见毛晶晶、路琳、史清华：《上海农民工就业质量影响因素研究——基于代际差异视角》，载于《中国软科学》2020年第12期，第65~74页；张经纬、陈志、丁士军：《就业质量、社会信任与农民工主观幸福感研究》，载于《华中农业大学学报（社会科学版）》2021年第2期，第128~137页、第181页、第182页。

平"作为主要衡量指标,同时,结合新时代中国收入分配制度改革的新格局即"共享型"为目标的"两个同步"与"两个提高"收入分配制度特征①,具体设计分行业的国内质量特征评价指标如下,如表7－1所示。

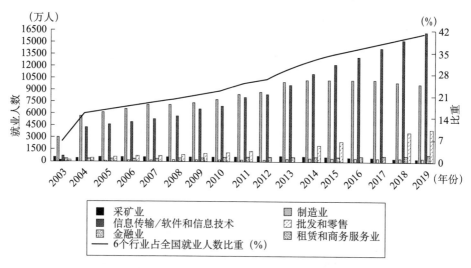

图7－3　中国对外直接投资的6个主要行业就业人数及其全国占比情况

注:资料来源于国家统计局网站数据。按照现有统计口径,上述资料包括城镇和私营(不含城镇),其中,城镇包括国有、集体、其他(含联营经济、股份制经济、外商投资经济、港澳台投资经济等),私营包括城镇和非城镇。

表7－1 **"就业质量"特征的评价指标选取及其说明**

依据	选取指标		说明
"两个同步"	分行业就业人均工资收入增长率/国民收入增长率	反映"居民收入和经济发展同步"情况	比值越接近1,说明两个指标越是"同步",衡量了个体收入相对增长情况
	分行业就业人均工资收入增长率/行业生产效率增长率	反映"劳动报酬和劳动生产率提高同步"情况	
"两个提高"	分行业就业人员工资总额/国民收入总额	反映"居民收入在国民收入中占比"	比值呈现上升趋势说明在"提高"。衡量了行业收入相对增长情况
	分行业就业人员工资总额/行业增加值总额	反映"劳动报酬在初次分配中占比"	

---

① 刘文勇:《社会主义收入分配思想演进与制度变迁研究》,载于《上海经济研究》2021年第1期,第42～55页。

首先，关于"两个同步"的检验。按照"两个同步"的指标设计，选择《中国统计年鉴》相关年份数据，分别计算2006~2018年6个行业的人均工资增长率与生产效率增长率（即人均产值增加值的增长率）、国民收入增长率的比值，其结果如图7-4所示。

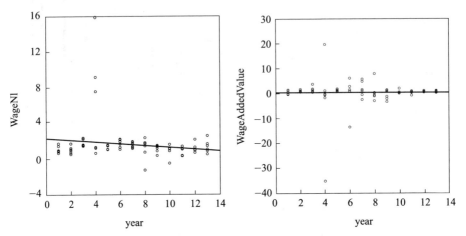

图7-4 6个行业的人均工资收入增长率与国民收入增长率（左图）
以及生产效率增长率（右图）的比值情况（2006~2018年）

从图7-4中可以看出：分行业的人均工资收入增长率与国民收入增长率的比值呈下降且趋向于1，说明6个行业的人均工资收入增长率与国民收入增长率正"逼近"同步发展；分行业的人均工资收入增长率与行业生产效率（行业人均产值增加值）增长率比值在0附近呈稳定趋势，说明两者在较多年份呈现反向增长态势即行业生产效率负增长情况较多，6个行业的人均产业增加值增长率下降影响了同步发展。

其次，关于"两个提高"的检验。2006~2019年，6个行业就业人员工资总额占国民收入、行业增加值的百分比总体上呈现显著提高趋势，如图7-5所示。"两个同步"反映的是个体收入相对增长情况，而"两个提高"反映的是行业整体收入相对增长情况。针对具备"两个同步"与"两个提高"特征的行业，其意味着行业员工通过人均工资收入增长同步分享到了经济社会与行业发展的成果，通过工资总额增长扩大了劳动在全产业和本产业中的价值分配比例。

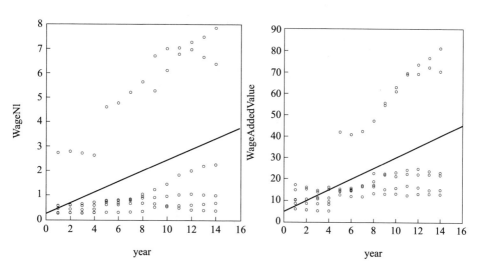

图7-5　6个行业工资总额占国民收入（左图）、行业增加值（右图）的
比重情况（2006～2018年）

资料来源：《中国统计年鉴（2007～2019）》，经笔者计算整理。

二、研究的基本理论：对外直接投资对国内就业的影响机制

对外直接投资对母国就业的影响都是通过一定的中间变量链接两者的。若将对外直接投资看作自变量，母国就业看作因变量，而不同的投资动机（包括了获取资源、技术、效率与市场）和国际价值链分工被看作前提条件，则在不同的前提条件下，自变量都会通过以下两个中间变量最终影响因变量的改变。第一个中间变量是国际贸易（常见的是通过跨国公司的母公司与子公司之间的贸易来实现），无论是何种投资动机或处于何种国际价值链分工地位，对外直接投资都是通过改变母国的国际贸易分工，进而引起母国产业扩张或收缩，引起就业增加或减少；同时，由于国际贸易引起的产业外需变化导致国内生产规模改变，反映在微观主体收入上，就是"计件"性质的劳动者收入变化；若国际贸易引起国内产业结构调整将导致产业兴衰更替，反映在微观主体上，就是高附加值产业的劳动者收入增加，低附加值产业的劳动者收入减少。第二个中间变量是生产率水平，对外直接投资引起母国的产业结构升级或转移，进而引起不同技术复杂程度的劳动力需求数量与结构改变，与此呼应的是引起那些与转移出的产业相匹配的技术水平产业的就业下

降，而那些与升级产业相匹配的技术水平产业的就业增长，这实际上是母国就业结构的改变，如图 7-6 所示。

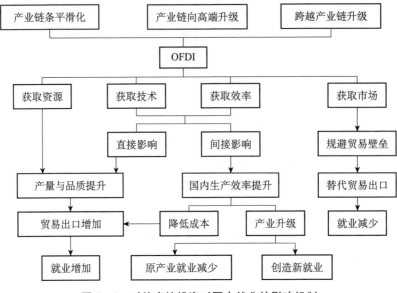

图 7-6 对外直接投资对国内就业的影响机制

这里进一步对以上影响机制详加阐述。一般认为，通过对外直接投资可以改变一国参与全球产业价值链分工地位（global value chain），其可以用"微笑曲线"辅助说明（见图 7-7）。第一种情形是同一产业在不同国家的禀赋、成本与技术差异会通过对外直接投资形成产业附加值的增加，即所谓的"产业链条平滑化"，如转移国外投资生产后降低成本提升利润，制造业环节的低利润情况被改变；第二种情形是由于通过对外直接投资获得了逆向技术溢出与品牌价值提升，母国产业在原产业链条内由低端向高端升级，如由生产制造向研发创意或品牌营销服务的升级，即所谓的"向产业链条两端升级"；第三种情形是通过跨国并购整合国外优势禀赋、合理优化国内资源配置，将两种资源与两类市场协同利用，产业竞争力明显提升，实现了母国产业结构的整体升级，即所谓的"跨越产业链升级"，如由制造业大国向制造业强国的转型，由劳动密集型转向技术密集型产业等。上述三种情形既可以是对外直接投资的主观预设动机，也可以是对外直接投资的客观行为结果，它们共同决定了对外直接投资形成四种主要动机。在资源获取动机下，对外直接投资获得了相对稀缺资源要素，企业产能与规模扩大，出口能力提升，带动国内就业增加。在获取技术动机下，对外直接投资获得技术与品牌等战略性资源，企业产品质量、形象与竞争力提升，促进出口，带动就业；在逆向技术溢出下，国内生产效率提升，企业降低成本，促进出口，带动就业；由此引致产业升级的条件下，落后产业遭淘汰，其就业减少，而新兴产业则创造新的就业岗位。在获取效率动机下，企业将国内落后产业进行梯度转移，国内保留的产业生产能力提升，促进出口并带动了就业；资源禀赋在国内保留的产业进行重新配置后的生产效率提升，企业降低成本并推动出口增加，带动了就业；国内保留的产业升级，创造了新就业岗位。在获取市场动机下，企业为了规避贸易壁垒，以对外直接投资替代贸易出口，引致国内就业减少。在上述影响机制的简梳中，我们可以发现：出口贸易和国内相关产业生产效率提升发挥了重要的传导和约束作用，可能是促进就业规模也可能是抑制就业规模，同时，也会相应地引致劳动者收入规模与结构发生改变。

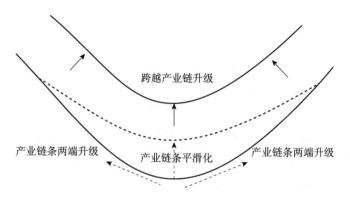

图 7 - 7　三种情形的产业价值链升级"微笑曲线"

三、研究的基本方法：宏观视角的实证分析

从一般性的宏微观视角及其研究方法逻辑上看待对外直接投资对就业的影响机制，我们可以发现，两类主要的研究逻辑方法：一类是对外直接投资主体即跨国公司的微观视角研究，其集中于对外直接投资对母公司就业与劳动收入总量与结构的影响。这类研究往往基于新古典经济学的最优化思想，求解一定约束条件下的企业利润最优化函数，由此推论出对企业雇佣劳动力的影响，此时的对外直接投资被看作是决策主体（跨国公司）为追求最优化而实施的国际

间资本流动配置，要素流动引致产业结构以及收入分配调整将直接和间接改变就业与劳动收入，结论分析偏向于微观政策建议。另一类是从对外直接投资的外部性即行业或区域的宏观视角研究，其集中于对外直接投资的行业或区域就业与劳动收入影响分析。这类研究往往是通过规范分析梳理出相关变量，然后进行相关性的实证检验，验证"猜测性"结论或发现影响参数改变的有价值的宏观政策建议。这里将基于宏观视角进行影响机制检验与模型构建。

1. 对外直接投资对国内就业数量影响的计量模型构建

这里选择分行业的对外直接投资、出口、国内生产效率以及全球产业价值链地位指数，分别通过固定资产价格指数、出口价格指数、工业品出厂价格指数进行价格因素剔除，并按照人民币对美元年平均价进行汇率折算后，观察上述变量与被解释变量国内就业数量的散点图（为了避免异方差，对上述变量取了自然对数）。我们可以发现：分行业的国内就业数量与对外直接投资、出口、国内生产效率有趋势明显的线性关系，与全球产业价值链地位指数的线性关系并不明显，相对于解释变量（全球产业价值链地位指数）而言，被解释变量（分行业国内就业数量）的标准差很大即异方差特别严重，所以两者之间的关系不是很明显。针对于此，我们分析中采用被解释变量自回归方法，克服可能存在的异方差问题。基于前述的对外直接投资对国内就业的影响机制分析，我们选择当期的国内就业作为被解释变量，滞后期的国内就业以及当期的对外直接投资、出口贸易、国内行业生产效率、全球产业价值链位置作为解释变量，构建计量模型如下：

$$EmployNumber_{it} = \alpha_0 + A_1 \times EmployNumber_{it-1} + A_2 \times EmployNumber_{it-2} + \cdots +$$
$$A_p \times EmployNumber_{it-p} + B \times OFDI_{it} + C \times Export_{it} + D \times Prodoductivity_{it} + E \times$$
$$GlobalValueChain_{it} + \varepsilon_{it} \tag{7-1}$$

其中，i 和 t 分别代表不同行业和年份；$EmployNumber_{it}$（国内就业）作为被解释变量，$OFDI_{it}$（对外直接投资）作为主要解释变量，$Export_{it}$、$Productivity_{it}$、$GlobalValueChain_{it}$ 分别是出口额、生产效率、全球产业价值链位置，作为控制变量；$A_1 \cdots A_P$、B、C、D 和 E 代表待估计参数，变量 $EmployNumber_{it}$ 存在 P 阶滞后期；α_0 为常数项，ε_{it} 为随机扰动项。需要指出的是，为了避免互为因果可能造成的内生性问题，这里对被解释变量不同滞后期分别进行比较分析处理。

上述控制变量中，$GlobalValueChain_{it}$代表中国产业参与全球价值链分工的地位，地位越高意味着出口的中间产品中有较大比例的增值环节是在国内实现的即较大附加值留在了国内；反之，出口产品仅仅有少量增加值留在国内则意味着该产业参与全球价值链分工的地位较低。根据库夫曼等（Koopman et al. , 2010）的定义，$GlobalValueChain_{it}$用一国间接附加值出口与国外附加值出口的差距进行计算，其公式如下：

$$GlobalValueChain_{it} = \ln\left(1 + \frac{IV_{it}}{E_{it}}\right) - \ln\left(1 + \frac{FV_{it}}{E_{it}}\right) \qquad (7-2)$$

其中，IV_{it}、FV_{it}和E_{it}分别表示一国总出口所包含的间接国内附加值、国外附加值和附加值核算的总出口额。$GlobalValueChain_{it}$值越大，说明该产业的全球价值链地位越高，反之亦然。这里采用 OECD 和 WTO 合作开发的TiVA数据库数据按照式（7-2）计算，可得 15 个行业[①]的全球价值链地位指数，具体情况如图 7-8 所示。从中可以发现：中国 15 个行业全球价值链地位指数在 2005～2015 年总体呈现上升趋势。6 个代表性行业排序情况如下，采矿业、金融业地位较高，批发和零售业、租赁和商务服务业地位居中，信息传输、软件和信息技术服务与制造业地位最低。

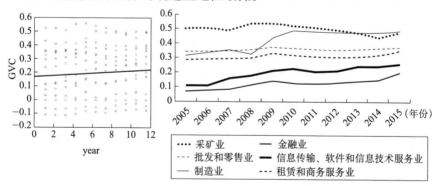

图 7-8　中国 15 个行业（左图）与 6 个行业（右图）的全球价值链地位指数

注：资料来源于 https：//stats. oecd. org/index. aspx? queryid =66237#，经过笔者整理计算。

---

① 根据 TIVA 数据库与国内产业划分目录相对照，确定了 15 个行业，主要包括农/林/牧/渔业、采矿业、制造业、电力/热力/燃气及水生产和供应业、批发零售业、交通运输/仓储和邮政业、住宿和餐饮业、信息传输/软件和信息技术服务业、金融业、房地产业、租赁和商务服务业、居民服务/维修和其他服务业、教育、卫生和社会工作、文化/体育和娱乐业。

2. 对外直接投资对国内就业质量影响的计量模型构建

对外直接投资对国内就业质量影响的计量模型将主要建立在前述的"就业质量评价指标"基础上。这里选取分行业人均工资收入代表就业质量作为被解释变量，对外直接投资、"两个同步""两个提高"作为解释变量，采用被解释变量自回归分析方法，克服可能存在的异方差问题，构建计量经济模型如下：

$$EmployQuality_{it} = a_0 + a_1 \times EmployQuality_{it-1} + a_2 \times EmployQuality_{it-2} + \cdots +$$

$$a_p \times EmployQuality_{it-p} + b \times OFDI_{it} + c \times SynchronizesOne_{it} + d \times SynchronizesTwo_{it} +$$

$$e \times RaiseOne_{it} + f \times RaiseTwo_{it} + \varphi_{it} \tag{7-3}$$

其中，i 和 t 分别代表不同行业和年份；$EmployQuality_{it}$（人均工资收入）作为被解释变量，$OFDI_{it}$ 作为主要解释变量，$SynchronizesOne_{it}$、$SynchronizesTwo_{it}$、$RaiseOne_{it}$、$RaiseTwo_{it}$ 代表分行业的人均工资收入增长率/国民收入增长率、人均工资收入增长率/行业生产效率增长率、工资总额/国民收入总额、工资总额/行业增加值总额，作为控制变量；$a_1 \cdots a_P$、b、c、d、e、f 代表待估计参数，变量 $EmployQuality_{it}$ 存在 P 阶滞后期；a_0 为常数项，φ_{it} 为随机扰动项。同样，为了避免互为因果可能造成的内生性问题，这里对被解释变量不同滞后期分别进行比较分析处理。

上述控制变量中，通过刻画散点图，我们发现：$SynchronizesOne_{it}$ 和 $SynchronizesTwo_{it}$、$RaiseOne_{it}$ 和 $RaiseTwo_{it}$ 之间存在很强的共线性问题，因此，需要对解释变量进行指数平滑后做降维处理。选取 2006～2018 年的 18 个行业① 数据，采用主成分分析方法，分析结果如表 7-2 所示。

表 7-2　　　　　　　　　　　控制变量降维处理分析结果

KMO 和巴特利特检验		相关系数矩阵			
		$SynchronizesOne_{it}$	$SynchronizesTwo_{it}$	$RaiseOne_{it}$	$RaiseTwo_{it}$
KMO 取样适切性量数	0.523	$Synchronizes\text{-}One_{it}$	1.000	0.938	−0.267	0.239

_____

① 在前述 15 个行业的基础上，增加了建筑业、科学研究和技术服务业、水利/环境和公共设施管理业 3 行业。

KMO 和巴特利特检验				相关系数矩阵			
				$SynchronizesOne_{it}$	$SynchronizesTwo_{it}$	$RaiseOne_{it}$	$RaiseTwo_{it}$
Bartlett 的球形度检验	上次读取的卡方	599.740	$Synchronizes\text{-}Two_{it}$	0.938	1.000	-0.244	0.228
	自由度	6	$RaiseOne_{it}$	-0.267	-0.244	1.000	0.441
	显著性	0.000	$RaiseTwo_{it}$	0.239	0.228	0.441	1.000

	总方差解释					
变量	初始特征值			提取载荷平方和		
	总计	方差百分比	累积（%）	总计	方差百分比	累积（%）
Z_1（$Z_{it}^{synchronizes}$）	2.095	52.363	52.363	2.095	52.363	52.363
Z_2（Z_{it}^{raise}）	1.441	36.021	88.384	1.441	36.021	88.384
Z_3	0.404	10.088	98.472			
Z_4	0.061	1.528	100.000			

从表 7-2 可以看出，KMO 检验系数为 0.523，Bartlett 球体检验 P 值为 0，表明数据适合做因子分析，相关系数矩阵中的聚类特征较为显著。Z_1 和 Z_2 的总方差解释累计值即两步聚类能够满足提取信息量达到 88.384%，据此，可以将 $SynchronizesOne_{it}$、$SynchronizesTwo_{it}$、$RaiseOne_{it}$、$RaiseTwo_{it}$ 分成两类变量 $Z_{it}^{synchronizea}$ 和 Z_{it}^{raise}，具体表达式如下：

$$Z_{it}^{synchronizes} = 0.977 \times SynchronizesOne_{it} + 0.972 \times SynchronizesTwo_{it} - 0.343 \times$$
$$RaiseOne_{it} + 0.277 \times RaiseTwo_{it} \tag{7-4}$$

$$Z_{it}^{raise} = 0.021 \times SynchronizesOne_{it} + 0.028 \times SynchronizesTwo_{it} + 0.835 \times$$
$$RaiseOne_{it} + 0.862 \times RaiseTwo_{it} \tag{7-5}$$

基于以上降维处理，可以将计量模型（7-3）改写为：

$$EmployQuality_{it} = a_0 + a_1 \times EmoployQuality_{it-1} + a_2 EmployQuality_{it-2} + \cdots +$$
$$a_p \times EmployQuality_{it-p} + b \times OFDI_{it} + c' \times Z_{it}^{synchronizes} + d' \times$$
$$Z_{it}^{raise} + \varphi_{it} \tag{7-6}$$

第二节 实证检验及分析

一、数据来源与样本选择

上述模型（7-1）、模型（7-6）共涉及9个变量，相关指标选择、数据来源、数据特征值等详情如表7-3所示。首先，我们需要考虑 t 的选择问题，在模型（1）中，由于 GVC 地位指数最新可获得数据截至2015年，因此，该模型数据选取2006~2015年的10年数据，而模型（2）则选取2006~2018年的13年数据。其次，我们还需要考虑 i 的选择问题，模型（2）选择了18个行业，而模型（1）由于建筑业、科学研究和技术服务业、水利/环境和公共设施管理业的数据缺失，因此选择了15个行业。

二、模型检验与结果分析

1. 对外直接投资对国内就业数量影响的模型检验与结果分析

我们在计量分析时采用的是 Eviews10 中适合处理宽面板数据的 panel 程序，15个行业就业数量关于对外直接投资、出口、生产率、全球价值链地位指数的多期控制变量回归分析结果如表7-4所示。

表7-3　　　　　　　15个就业数量影响因素多期控制变量回归结果

变量	无滞后期	无滞后期	无滞后期	无滞后期	滞后一期	滞后二期	
Employ-Number	—	—	—	—	0.356659 (0.0000)	0.426141（-1）(0.2224)	0.383350（-2）(0.3768)
OFDI	0.098784 (0.0049)	-0.055410 (0.1224)	0.049629 (0.0860)	0.120541 (0.0021)	0.080697 (0.0000)	0.001994 (0.9718)	
Export		0.253539 (0.0000)	0.166856 (0.0000)	0.166461 (0.0000)	0.0326042 (0.0000)	0.358644 (0.0186)	
Productivity			-0.619408 (0.0000)	-0.562025 (0.0000)	-0.185333 (0.0053)	-0.380159 (0.1989)	
GlobalValue-Chain				-1.476305 (0.0079)	1.323454 (0.0600)	0.017402 (0.9816)	
控制变量	NO	YES	YES	YES	YES	YES	
拟合度	0.523	0.320600	0.615025	0.633349	Prob（J-statistic）0.229491	Prob（J-statistic）0.224005	

注：表中数值为回归系数，括号内为 p 值。

表7-4　变量的数据来源及其描述性统计

	变量	相关数据来源	变量定义	均值	最大值	最小值	标准差	样本数（份）
模型(1)	$EmployNumber_{it}$	《中国统计年鉴》	国内分行业就业人数（万人）	1732.287	12160.3	122.4	2667.937	150
	$OFDI_{it}$	《中国对外直接投资统计公报》	分行业对外直接投资流量（人民币，元）	22468074	3.11E+08	1817.57	42588754	150
	$Export_{it}$	TiVA数据库	分行业出口额（人民币，元）	857813.6	12512810	333.8296	2506593	150
	$Productivity_{it}$	《中国统计年鉴》	分行业人均产业增加值（人民币，元/人）	363648.2	2317955	12904.2	426882.5	150
	$GlobalValueChain_{it}$	TiVA数据库	分行业全球价值链地位指数	0.19812	0.5387	-0.1079	0.181284	150
模型(2)	$EmployQuality_{it}$	《中国统计年鉴》	分行业人均工资	-0.0108852	3.34002	-1.73704	0.9790651	234
	$OFDI_{it}$	《中国对外直接投资统计公报》	分行业对外直接投资流量	-0.0022494	5.95919	-0.90616	0.9809632	234
	$Z_{it}^{synchronizes}$	《中国统计年鉴》	两个同步	0.0000000	1.45930	-1.67201	1.0000000	234
	Z_{it}^{raise}	《中国统计年鉴》	两个提高	0.0000000	5.31052	-0.98593	1.0000000	234

注：（1）中数据采用的是原始数据，模型（2）采用原始数据分析效果不是很好（限于篇幅，分析过程略），因此，对原始数据进行了标准化处理，表中的数据特征值均为标准化值后的数据特征值。

这里可以看出：国内就业数量与滞后一期的就业数量具有较为显著的自相关性，相关系数为 0.36，说明国内就业数量受到上一期的就业数量影响明显，但滞后二期的影响不显著，这说明中国国内就业数量在长期内的自稳定性较差，需要政府主导的"稳就业与保就业"政策支持。对外直接投资与国内就业基本呈现显著相关性。未引入控制变量时，二者相关系数接近 0.1。在引入出口作为控制变量后，受到出口影响呈现弱的负相关，可能的原因是：出口对对外直接投资就业效应具有替代影响，但 P 值不显著，这可能受到出口波动幅度大影响。引入生产效率和全球产业价值链地位指数作为控制变量后，对外直接投资就业效应为正，尤其是在全部控制变量引入后，对外直接投资对国内就业具有显著正相关，相关系数为 0.12。考虑到被解释变量（国内就业数量）具有自相关性的情况，这里将滞后一期的国内就业数量、当期的全部控制变量引入后，可以看到对外直接投资与国内就业数量呈现显著正相关，相关系数为 0.08，但滞后二期的回归分析相关性不显著。以上分析说明，对外直接投资与国内就业数量有较为明显的正相关性且具有短期内的滞后影响。出口与国内就业具有显著的正相关性。引入控制变量后的相关系数由 0.25 降至 0.17，这说明，出口对国内就业的影响较对外直接投资更为突出。在考虑被解释变量自相关性和滞后期时，相关系数经历了先降后升变化，滞后一期影响程度偏小为 0.03，而滞后二期达到 0.36，这说明，出口对促进国内就业的影响是长期的，即长期内坚持对外开放有助于国内就业问题的解决。生产效率与当期和滞后一期的国内就业具有显著负相关性。这符合技术进步带动资本有机构提高引致对传统产业就业替代的一般性认识；但滞后二期时相关性不显著，其又说明生产效率提升的就业替代效应是短期的。全球产业价值链地位提升在当期减少了国内就业，在滞后一期促进了国内就业，在滞后二期的相关性不显著。这说明，产业升级淘汰落后产业减少了相关产业就业，但产业升级后又带动了随后的新的就业岗位增加，然而从长期来看，升级后的产业与国内就业数量之间的影响关系不大，这种产业链升级调整阶段内对就业数量的影响符合一般性认识。

接下来，我们选择允许每个截面单元回归系数可变的 DH 面板数据检验方法进行因果检验。由表 7-4 可知，具体的滞后一期差分模型如下，DH 面板数据因果检验结果如表 7-5 所示。

$$\Delta\ln\,(EmployNumber_{it})\ =0.356659\times\Delta\ln\,(EmployNumber_{it-1})+0.080697\times$$

$$\Delta\ln\,(OFDI_{it})+0.0326042\times\Delta\ln\,(Export_{it})-0.185333\times\Delta\ln\,(Prodoductivity_{it})\ +$$

$$1.323454\Delta\ln\,(GlobalValueChain_{it})\qquad\qquad(7-7)$$

表 7 - 5　　　　　　　　　　15 个行业的 DH 因果检验

Pairwise Dumitrescu Hurlin Panel Causality 检验假设	W – Stat.	Zbar – Stat.	Prob.
OFDI 不是 Employnumber 的单向原因	2.26995	0.88906	0.3740
EmployNumber 不是 OFDI 的单向原因	4.65656	3.64488	0.0003
Export 不是 Employnumber 的单向原因	0.75930	– 0.85529	0.3924
EmployNumber 不是 Export 的单向原因	2.95721	1.68265	0.0924
Productivity 不是 Employnumber 的单向原因	3.11386	1.86353	0.0624
EmployNumber 不是 Productivity 的单向原因	1.37599	– 0.14320	0.8861
GlobalValueChain 不是 Employnumber 的单向原因	2.11400	0.70899	0.4783
EmployNumber 不是 GlobalValueChain 的单向原因	3.49942	2.30873	0.0210

　　从表 7 - 5 可以看出：在 5% 的显著性水平下，对外直接投资和全球价值链地位指数是国内就业数量变化的成因，但国内就业数量不是 OFDI 和全球价值链地位指数变化的成因；出口与国内就业数量、生产效率与国内就业数量均为双向的因果关系。以上结果说明：中国对外直接投资促进了国内就业规模扩大。由全球价值链地位指数代表的产业升级是影响国内就业数量的重要因素，当期内产业升级对就业有"阵痛"，滞后期内则可以扩大就业规模。出口与国内就业数量相互影响，外需拉动就业的同时，就业增加又扩大了出口能力。生产效率与国内就业相互影响，生产效率提升引起资本有机构成提高，对国内就业数量具有替代效应。

　　2. 对外直接投资对国内就业质量影响的模型检验与结果分析

　　这里同样采用 Eviews10 的 panel 程序，对 18 个行业的就业质量关于对外直接投资"两个同步""两个提高"的多期控制变量回归分析结果如表 7 - 6 所示。

表 7 - 6　　　　　18 个行业就业质量影响因素多期控制变量回归结果

变量	无滞后期	无滞后期	无滞后期	滞后一期	滞后一期	滞后一期	滞后二期
Employ-Quality_{it}	—	—	—	0.308408 (0.0000)	0.295318 (0.0000)	0.281337 (0.0000)	1.094561(-1) (0.0000) -0.111185(-2) (0.0000)

变量	无滞后期	无滞后期	无滞后期	滞后一期	滞后一期	滞后一期	滞后二期
$OFDI_{it}$	0.158704 (0.0149)	0.181790 (0.0050)	0.223176 (0.0011)	0.662621 (0.0000)	0.561536 (0.0000)	0.642868 (0.0000)	-0.022281 (0.0026)
$Z_{it}^{synchronizes}$	—	0.182454 (0.0041)	0.187493 (0.0031)	—	1.719409 (0.0000)	2.149037 (0.0000)	0.801901 (0.0000)
Z_{it}^{raise}			-0.125516 (0.0569)			-0.108628 (0.0000)	-0.094742 (0.0000)
控制变量	NO	YES	YES	NO	YES	YES	YES
拟合度	0.25285	0.59478	0.7422	Prob(J-statistic) 0.325949	Prob(J-statistic) 0.284745	Prob(J-statistic) 0.254146	Prob(J-statistic) 0.274041

从表7-6可以看出：行业人均工资收入存在显著的正自相关性且系数稳定，但滞后二期呈现负相关。这说明，"稳就业与保就业"政策实施的效果明显且是可预期的，由于行业人均工资收入在长期内的"自稳定性"由正转负，因此同样需要"稳就业与保就业"政策的长期支撑。对外直接投资与行业人均工资收入呈现显著相关性。未引入控制变量时，滞后一期的相关系数由0.159增至0.663；引入控制变量后，仅考虑"两个同步"的滞后一期相关系数由0.182增至0.562，加入考虑"两个提高"的滞后一期相关系数由0.223增至0.643，上述变化趋势与增幅基本相同。这说明，对外直接投资对人均工资收入增长具有促进作用且存在明显的滞后效应，即在滞后一期内对外直接投资与附加"两个同步""两个提高"特征的国内人均工资收入相关性增强。其意味着中国特色的就业质量特征已初步显现，该特征带有明显的政府主导特点。这里之所以称为"政府主导"，是因为经济系统自身惯性的收入增长趋势较差（表现为人均工资收入在滞后二期内自相关为负、引入控制变量后的对外直接投资对人均工资收入在滞后二期内为负相关）。"两个同步"与行业人均工资收入具有显著相关性。未考虑滞后期时，相关系数稳定在0.182~0.187；考虑滞后一期时，相关系数升至1.719~2.149；考虑滞后二期时，相关系数降至0.802，这说明，政府主导的微观收入政策[①]在当期和

---

① 政府微观收入政策是指政府为了影响货币收入或物价水平而采取的措施，包括强制性或非强制性的限制工资和价格的政策，一般的政策手段包括工资—物价指导线、对特定工资或物价进行"权威性劝说"、实行工资—物价管制、以税收政策对工资增长率进行调整等。上述微观政策影响到个体收入增长，因此，对"两个同步"的影响可以理解为政府作用于"两个同步"的微观政策。

滞后一期内对行业人均工资收入增长具有明显的有效性，但长期内的有效性减弱。"两个提高"与行业人均工资收入相关性在当期不显著，在滞后一期和二期呈现显著弱负相关。这说明，行业内劳动参与价值分配的比例、劳动工资收入占国民收入的比例下降在长期内促进了行业人均工资收入提高。这是行业资本有机构成提高的结果，技术创新虽然降低了工资总额占比但却在长期内提升了人均工资收入增长；另外，"两个提高"在滞后二期内的负相关也解释了"两个同步"在滞后二期内正相关减弱的原因。

接下来，我们同样选择允许每个截面单元回归系数可变的 DH 面板数据检验方法进行因果检验，由表 7-6 可知具体的滞后一期差分模型如下，DH 面板数据因果检验结果如表 7-7 所示。

$$\Delta\ln\left(EmployQuality_{it}\right) = 0.281337 \times \Delta\ln\left(EmployQuality_{it-1}\right) + 0.642868 \times$$
$$\Delta\ln\left(OFDI_{it}\right) + 2.149037 \times \Delta\ln\left(Z_{it}^{synchronizes}\right) - 0.108627 \times \Delta\ln\left(Z_{it}^{raise}\right) \quad (7-8)$$

表 7-7　　　　　　　　　　18 个行业的 DH 因果检验

Pairwise Dumitrescu Hurlin Panel Causality 检验假设	W - Stat.	Zbar - Stat.	Prob.
$OFDI$ 不是 $EmployQuality$ 的单向原因	1.57391	0.53162	0.5950
$EmployQuality$ 不是 $OFDI$ 的单向原因	5.42951	7.64390	2E - 14
$Z^{synchronizes}$ 不是 $EmployQuality$ 的单向原因	1.58797	0.55756	0.5771
$EmployQuality$ 不是 $Z^{synchronizes}$ 的单向原因	18.7397	32.1967	0.0000
Z^{raise} 不是 $EmployQuality$ 的单向原因	0.66189	- 1.15074	0.2498
$EmployQuality$ 不是 Z^{raise} 的单向原因	45.0452	80.7214	0.0000

从表 7-7 可以看出：在 5% 显著性水平下，对外直接投资、"两个不同""两个提高"是国内人均工资收入变化的单项成因，但是，反之不成立。

第三节　结论

中国对外直接投资对国内就业影响研究是新时代新发展格局下中国特色社会主义经济发展的内生性命题。基于传统对外直接投资理论以及中国现实国情的经济理论特征分析该问题，其对于构建中国特色社会主义政治经济学具有创新性价值，对于吸取他国历史经验教训，解决对外直接投资对母国就业的负影响具有政策制定参考价值。综上所述，研究结论如下：

首先，基于马克思历史唯物主义思想，考察中国对外直接投资及其相关就业现状与特征，可以发现：政府主导下的中国对外直接投资已在全球具有了规模上的领导性地位，但行业集中度偏高，主要集中在租赁和商务服务业、批发和零售业、金融业、信息传输/软件和信息技术服务业、制造业、采矿业等领域，在对外直接投资的资源、技术、效率、市场获取动机方面均有所表现。上述 6 个主要行业占全部对外直接投资存量的 4/5 强，但与此对应的国内就业约占 2/5 强。这种"倒挂"分为两种情形，一是在租赁和商务服务业等领域呈现的"倒挂"，其意味着中国对外直接投资是对国内产业发展"不足"的弥补而非"优势"的输出；二是在制造业等领域呈现的"倒挂"，其意味着中国对外直接投资是国内产业发展"优势"的输出而非"不足"的弥补。这实际上是发展中国家与发达国家的两种不同的具有鲜明对比特征的对外直接投资动机表现，其反映了中国国内产业间在发展质量与供求规模上的差异性和多层次性。我们审视对外直接投资的 6 个主要行业的就业质量，发现它们基本具有"两个同步""两个提高"特征。上述实践分析为探究中国对外直接投资对国内就业影响提供了基本典型化事实依据。

其次，资本跨区域流动在短期内的趋利性决定了产品价格利差作为对外直接投资的显性引导指标，在开放经济下，产品价格利差可表现为出口贸易的活跃度；长期内趋利性决定了生产效率差异作为对外直接投资的显性引导指标，上述两个显性指标正如交通指示灯，传达和引导了对外直接投资的走向。对外直接投资对国内就业影响机制的简要梳理分析综合考量了对外直接投资的传统四种动机以及三种情形"微笑曲线"，我们发现：经由出口贸易与生产效率传导的对外直接投资对国内就业的影响是不确定的。获取技术与效率动机相比较于获取资源和市场动机的对外直接投资对国内就业的影响更为复杂，这其实主要是由于引致性国内产业升级所带来的"新旧"就业岗位更替所致。此外，我们还将全球产业价值链地位差异引入影响机制分析，借此刻画了发达产业与落后产业的对外直接投资对国内就业的影响差异。上述分析为我们的研究工作奠定了理论基础。

最后，通过建立在典型化事实与影响机制简梳之上的宏观视角实证分析，我们发现：中国产业全球价值链地位指数总体呈现上升态势，这说明进入新世纪以来的中国产业结构改革取得了明显效果；但教育、卫生和社会工作、住宿和餐饮业等三个行业的全球价值链地位指数为负值，这说明上述三个行业的间接附加值出口远远小于国外的附加值出口即参与全球价值链分工的地位较低，与国外行业发展存在较大差距。国内就业规模与就业质量均存在较为明显的正向自相关性，但长期内不相关或负相关，这一方面说明"稳就业与保就业"政策效果明显，另一方面揭示了经济系统存在对于稳定和扩大就业、保障和提高劳动收入的"能力不足忧患"。对外直接投资对国内就业数量基本呈现显著的弱正相关且有滞后性、与国内就业质量存在较强的正相关且有滞后性，但在滞后二期内为不相关或弱负相关，这同样说明对外直接投资短期内促进了国内就业与人均工资收入增长，但长期内不具有可持续性。其意味着中国对外直接投资可以通过拉动外需来带动国内就业和工资收入增长，但这种影响需要对外直接投资在不断扩张中维持。可预见的是，通过对外直接投资的外循环对国内就业和人均工资收入的正效应是有限的，这也恰恰说明了国内循环的重要性以及"双循环"格局的必要性。出口对国内就业数量的影响是长期的，而且两者是互为因果关系的，其意味着坚持对外开放、加强商品贸易与投融资往来是中国经济高质量发展的必然选择。生产效率与全球价值链地位指数的综合分析显示：虽然技术进步在当期抑制了国内就业数量，但通过转移出落后产业为国内新兴产业发展集聚资源的方式，可以在这个过程中创造新的就业岗位；然而一旦新旧产业更替完成后，新产业不再"新"时，由此带来的"创造就业效应"可能会消失。"两个同步"带有明显的政府微观收入政策主导性特征，这是人均工资收入增长的成因，其影响性随着时间推移在下降，这意味着当前的政府系列相关政策不可撤出，仍需持续支持。"两个提高"对人均工资收入在滞后一期、滞后二期均具有显著的弱负相关性，这种影响的解释如下：技术创新引致资本有机构成提高，相应的工资总额占产业增加值/国民收入的比重下降，随后（滞后期内）创新带来全行业利润提升，继而相应的人均工资收入提高。

第八章 中国对外直接投资的出口
贸易影响

　　"一带一路"共建国家和地区是中国经济"走出去"的重要目标对象，其具有较大的内需市场，同时又面临资金不足与结构转型压力；中国在对外直接投资方面具有相对的资金优势，在出口贸易方面具有充足的产能与完善的品类供应能力，因此，双方具有充分的合作基础。在当前全球化发展进入新阶段的情况下，突出"一带一路"区域合作，其对中国有效解决新阶段的新问题更为重要。传统上，中国对外经济活动主要是以商品和服务贸易输出为主，自 2000 年全国人大九届三次会议将"走出去"提升到国家战略层面后，"走出去"战略指导了企业层面的对外资本输出；2013 年，习近平总书记提出"一带一路"倡议后，中国从国家层面加快了商品服务与资本的对外输出。2015 年中国对外直接投资流量首次超过吸引外商直接投资流量，出现了历史性的资本净流出现象，中国由改革开放以来"招商引资"的"净资本流入国家"转变为"净资本流出国家"。时变势变，考虑到逆全球化发展趋势下的出口贸易与对外直接投资及其相互关系研究在当前有着更大的现实价值。

　　这里将主要基于全球化视野下，探讨中国通过对外直接投资与出口贸易实施经济"走出去"战略过程中其与"一带一路"共建国家和地区的竞合关系，以及中国在"一带一路"共建国家和地区的贸易出口、对外直接投资与该区域内全球化发展水平三者间的长期均衡关系，以此深化对中国在"一带一路"共建国家和地区实施经济"走出去"面临的环境、规律与形势认知。

第一节　"一带一路"共建国家和地区全球化发展水平：中国的"机遇"与"挑战"

目前，较有代表性的衡量全球化指标主要有三种：一是瑞士联邦苏黎世理工学院经济研究所发布的全球化指数；二是英国世界市场研究中心发布的全球化指数；三是美国 A. T. Kearney 公司和《外交政策》杂志社联合发布的全球化指数。源于西方学者或机构的指标设计，无法避免带有价值观念上的符号特征即西方中心主义色彩较为明显。这一方面压低了非西方国家的排名，另一方面对于新兴工业化国家和发展中国家在推动全球化发展中的作用重视程度不够，因此，发展中国家在使用上述全球化指标时应更加注重趋势性变化，对于国家位置排名须辩证看待，不必过于纠结。这里，我们选择时间连续性较好的瑞士联邦苏黎世理工学院经济研究所发布的全球化指数作为衡量全球化变化的参考指标，计算公式如下：

$$KOF = \sum_{i=1}^{3} kof_i ; \quad kof_i = \sum_{j=1}^{m} G_j ; \quad G_j = \frac{|V_j - V_n|}{V_{max} - V_{min}} \qquad (8-1)$$

其中，i 分别代表经济全球化、社会全球化、政治全球化，即 kof_1、kof_2、kof_3 三个一级指标；j 分别代表经济全球化测度的贸易、资本与市场的跨国界流动或限制性措施等二级子指标，社会全球化测度的人员交流、信息流动、文化接近性等二级子指标，政治全球化测度的大使馆数量、参加国际组织、参与联合国活动、签署国际条约数量等二级子指标；G_j 为二级子指标评价得分，V 是经过面板标准化处理（即所有国家的原始数据仅在同一年进行标准化处理）的一系列三级原始数据，其中，V_j 为第 j 个指标的原始数据，V_{max} 为所有国家中与第 j 个指标相对应的最大值，V_{min} 为最小值；当 j 指标为正向指标（即越大说明全球化程度越高）时，$V_n = V_{min}$；当 j 指标为负向指标（即越小说明全球化程度越高）时，$V_n = V_{max}$；分子取绝对值，保证 G_j 得分值为正。在 G_j 二级子指标分值基础上计算 kof 全球化一级子指标值以及在一级子指标基础上计算 KOF 综合指数时，采用主成分分析方法，依据 $t-10$ 期至 $t-1$ 期的观测值计算 t 期权重，由于各国数据变化，每期的指标权重均有所调整。

所有各级指标均为其值越大表明全球化程度越高。目前国家统计局《国际统计年鉴》收录了该指标自 2011 年以来的数据，KOF 瑞士经济研究所官网提供了 1970 年以来的完整数据。

这里，选择 64 个"一带一路"共建国家[①]和地区的 KOF 全球化指数以及经济全球化（kof$_{-economic}$）、社会全球化（kof$_{-social}$）、政治全球化（kof$_{-politics}$）三个一级指标作为衡量中国经济"走出去"所面临的外部环境变化。具体情况如图 8 – 1 所示。

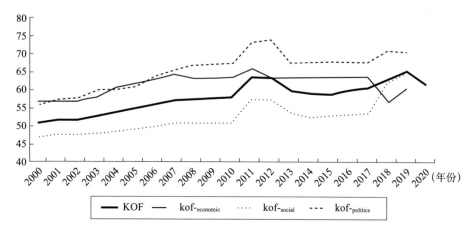

图 8 – 1　"一带一路"共建国家和地区全球化指标年度均值趋势

资料来源：https：//kof. ethz. ch/en/forecasts-and-indicators/indicators/kof-globalisation-index. html，经笔者加工整理。

我们可以看出，21 世纪第一个 10 年 KOF 全球化指数及其经济、社会、政治子指标数值均呈现出明显上升态势（尽管 2008 年金融危机将该趋势

---

① 截至 2023 年 10 月，我国已与 152 个国家签署"一带一路"合作文件。考虑到数据的连续性与可获得性，这里选择国家信息中心"一带一路"大数据中心出版的《"一带一路"大数据报告（2016）》中截至 2015 年底已签约的国家为研究对象。这些国家包括：中亚 6 国（蒙古国、哈萨克斯坦、乌兹别克斯坦、土库曼斯坦、吉尔吉斯斯坦、塔吉克斯坦）、中东欧 16 国（波兰、罗马尼亚、捷克、斯洛伐克、保加利亚、匈牙利、拉脱维亚、立陶宛、斯洛文尼亚、爱沙尼亚、克罗地亚、阿尔巴尼亚、塞尔维亚、马其顿、波黑、黑山）、西亚北非 16 国（沙特阿拉伯、阿联酋、阿曼、伊朗、土耳其、以色列、埃及、科威特、伊拉克、卡塔尔、约旦、黎巴嫩、巴林、也门、叙利亚、巴勒斯坦）、独联体其他 7 国（俄罗斯、乌克兰、白俄罗斯、格鲁吉亚、阿塞拜疆、亚美尼亚、摩尔多瓦）、东南亚 11 国（印度尼西亚、泰国、马来西亚、越南、新加坡、菲律宾、缅甸、柬埔寨、老挝、文莱、东帝汶）、南亚 8 国（印度、巴基斯坦、孟加拉国、斯里兰卡、阿富汗、尼泊尔、马尔代夫、不丹）。

"放平"），第二个 10 年除经济全球化子指标以外的各项指标基本走出"U"型趋势；经济全球化子指标自 2011 年最高值之后基本是下降，社会全球化则是明显提升，2019 年达到历史最高值；2020 年三个一级指标尚未公布，但已公布的 KOF 全球化指数大幅下降意味着三个一级指标也会明显下降，这可能受到新冠疫情的影响。综合来看，中国在"一带一路"共建国家和地区开展经济"走出去"面临的外部环境"挑战"主要表现在经济全球化方面，"机遇"则主要表现在社会全球化方面。具体而言，结合 KOF 全球化指数及其三个一级指标内涵来看，"一带一路"共建国家和地区的国际贸易、对外直接投资、证券投资、外商投资等活跃度在相对下降，而资本账户限制、隐性进口壁垒以及贸易关税税率等不利影响正在形成中国经济"走出去"面临的"挑战"；以国际游客、转移支付、电讯邮政往来为代表的"人员交流"，以互联网用户、媒体纸介进出口等为代表的"信息交流"，以图书销售、国际加盟连锁品牌入驻等为代表的"文化交流"等不断增加，为中国经济"走出去"带来了"机遇"，这也意味着从中国在该区域内发挥的引领与推动作用角度来看，2013 年"一带一路"倡议提出以来的"五通"中的"设施联通"与"民心相通"已取得了较为明显成效。

第二节　中国与"一带一路"共建国家和地区出口贸易优势关系分析

目前，学者在研究出口贸易优势时，经常选用的是显性比较优势指数，但该指数并未考虑进口以及国内市场因素。在立足"双循环"大格局下，考察中国出口贸易优势的研究需要克服显性比较优势指数的缺点，综合考量国内外的双循环即双向贸易情况。陈佳贵和张金昌（2002）、侯敏（2011）、司增绰和周坤（2019）等采用相对贸易优势指数从供需两方面进行衡量均取得了较好的效果，在针对大国产业出口贸易比较优势研究的工具选择中具有代表性。基于此，这里采用相对贸易优势指数测度中国的国际比较优势，解析出口贸易的分行业优劣势，揭示出口贸易的产业结构变迁与演化。

出口贸易相对优势指数的计算公式如下：

$$RTA_{ai} = \frac{\dfrac{X_{ai}}{X_{wi}}}{\dfrac{X_{ae}}{X_{we}}} - \frac{\dfrac{M_{ai}}{M_{wi}}}{\dfrac{M_{ae}}{M_{we}}} \qquad (8-2)$$

式（8-2）中，RTA_{ai} 为 a 国 i 产业的出口贸易相对优势指数，RTA 大于 0 即具有弱国际竞争优势、大于 1 则为强国际竞争优势，小于 0 则意味着国际竞争劣势；X_{ai}（M_{ai}）表示 a 国 i 产业的总出口（进口）额，X_{wi}（M_{wi}）表示其他国 i 产业的出口（进口）额；X_{ae}（M_{ae}）表示 a 国剔除 i 产业外的其他总出口（进口）额，X_{we}（M_{we}）表示其他国家剔除 i 产业外的其他总出口（进口）额。

该指数仅仅刻画了一国的相对出口贸易优势，未考虑到中国与"一带一路"共建国家和地区的双向关系（互补或竞争关系），我们借鉴琳达和托马斯（Linda & Thomas，1992）提出的双边贸易互补性系数，进一步解析中国与"一带一路"共建国家和地区的贸易优势是"单赢"还是"双赢"，具体公式如下：

$$OBC_{abi} = -\frac{COV\ (RTA_{ai},\ RTA_{bi})}{\sqrt{VAR\ (RTA_{ai})\ \times VAR\ (RTA_{bi})}} \qquad (8-3)$$

式（8-3）中，分子为协方差，分母为标准差，OBC_{abi} 为 a 国与 b 国关于 i 产业的贸易互补性系数，该值为正说明 a 国与 b 国的 i 产业存在贸易互补关系即"双赢"，该值为负说明 a 国与 b 国的 i 产业存在贸易替代关系即"单赢"，RTA_{bi} 为"一带一路"共建国/地区 i 产业的相对贸易优势指数。这里将 64 个"一带一路"共建国家和地区看作一个整体，分别探讨中国商品贸易与服务贸易的比较优势及其与 64 个国家和地区的优势比较。

一、商品贸易出口相对优势分析

这里采用拉奥（2000）的技术构成分类法将联合国 SITC 商品贸易分为五大类，即初级产品（Product1）、资源型制造产品（包括农业为基础的产品 Product2、其他资源型产品 Product3）、低技术制造品（包括纺织服装等产品

Product4、其他低技术产品 Product5）、中技术制造品（包括自动化产品 Prod-uct6、加工工业产品 Product7、机械产品 Product8）和高技术产品（包括电子器件与电器产品 Product9、其他高级产品 Product10），累计共 10 个产品行业，相关基础数据通过联合国贸发会议（UNCATAD）STAT 数据可以获得。根据式（8-2）计算结果如图 8-2 所示。

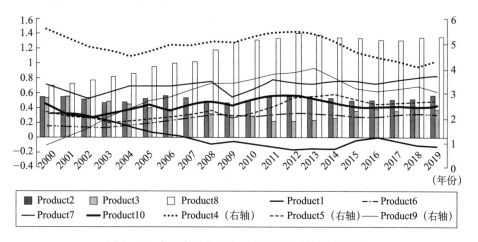

图 8-2　中国商品贸易出口分行业的相对优势指数

资料来源：https：//unctadstat. unctad. org/wds/ReportFolders/reportFolders. aspx，经笔者加工整理。

我们发现，中国初级产品行业由弱国际竞争优势转向国际竞争劣势，资源型制造业总体上基本维持了弱的国际竞争优势，低技术制造品总体上维持了强的国际竞争优势（其中的纺织服装品竞争优势呈现下降趋势），中技术制造品具有国际竞争优势（由大至小依次为机械产品、加工工业产品、自动化产品，其中，机械产品在 2008 年由弱国际竞争优势转为强国际竞争优势），高技术产品均具有国际竞争优势（其中，电子器件与电器产品的强国际竞争优势得到进一步加强）。

根据式（8-3）计算中国与"一带一路"共建国家和地区的商品贸易出口优势的双向关系。这里按照"一带一路"倡议提出的时间节点分为两个阶段进行对比，计算结果如图 8-3 所示。

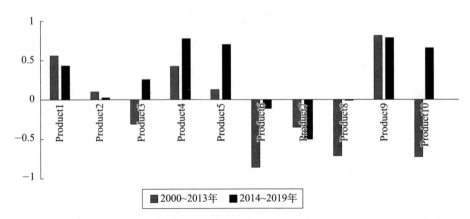

图8-3　中国与"一带一路"共建国家和地区商品贸易出口分行业的互补性系数变化情况

对比"一带一路"倡议提出的前后变化，我们可以发现：中国与"一带一路"共建国家和地区在初级产品（Product1）、农业为基础的资源型制造产品（Product2）、低技术制造品（包括 Product4 与 Product5）、高技术产品中的电子器件与电器产品（Product9）领域均实现了贸易互补即"双赢"；在其他资源型制造产品（Product3）、高技术产品中的其他高级产品（Product10）领域由"单赢"转为了"双赢"即通过"一带一路"建设由贸易替代转为了贸易互补；在包括了自动化产品（Product6）、加工工业产品（Product7）、机械产品（Product8）在内的中技术制造品领域，中国相对于"一带一路"共建国家和地区的贸易"单赢"竞争优势明显。

二、服务贸易出口相对优势分析

按照国际货币基金组织的《国际收支和国际投资头寸手册》（BPM6）标准，服务贸易主要分为四类：第一类是加工贸易与维修保养服务（Service1），第二类是运输（Service2），第三类是旅游（Service3），第四类是其他服务类（包括建筑 Service4、保险与养老金服务 Service5、金融服务 Service6、知识产权使用费 Service7、通信与计算机和信息服务 Service8、个人与文化及康乐服务 Service9、政府货品服务 Service10、研究/专业化管理咨询以及与贸易等相关的其他商业服务 Service11），累计共 11 类。相关基础数据通过联合国贸发会议 UNCATAD STAT 数据可以获得。依据式（8-2）计算结果如图 8-4 所示。

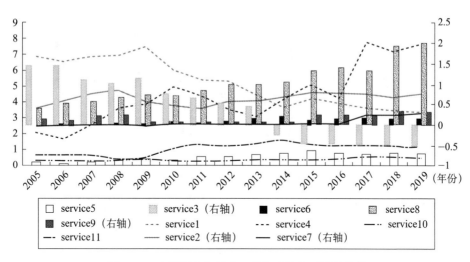

图 8 - 4　中国服务贸易出口分行业的相对优势指数

资料来源：https：//unctadstat. unctad. org/wds/ReportFolders/reportFolders. aspx，经笔者加工整理。

我们发现，加工贸易与维修保养服务（Service1）为强国际竞争优势但呈现下降趋势，运输（Service2）总体呈现弱国际竞争优势且趋势较为平稳，旅游（Service3）由强国际竞争优势转为国际竞争劣势（2013 年为拐点），建筑（Service4）由国际竞争劣势转为强国际竞争优势（尤其是在 2013 年之后得到快速增长），保险与养老服务（Service5）、金融服务（Service6）、个人与文化及康养服务（Service9）、政府货品服务（Service10）为逐渐变大的弱国际竞争优势，知识产权使用费服务（Service7）由国际竞争劣势转为弱国际竞争优势（2014 年为拐点），通信与计算机和信息服务（Service8）由弱国际竞争优势转为强国际竞争优势（2013 年为拐点），其他商业服务（Service11）由弱国际竞争优势转为强国际竞争优势（2009 年为拐点）。

根据式（8 -3）计算中国与"一带一路"共建国家和地区服务贸易出口优势的双向关系。计算结果如图 8 -5 所示。

我们发现，对比"一带一路"倡议提出的前后变化，加工贸易与维修保养服务（Service1）、运输（Service2）、旅游（Service3）、建筑（Service4）、政府货品服务（Service10）均实现了贸易的互补即"双赢"；金融服务（Service6）、知识产权使用费服务（Service7）、通信与计算机和信息服务

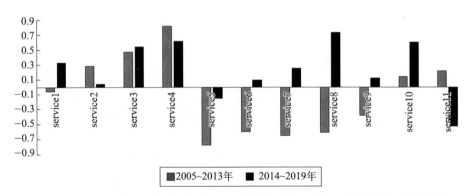

图 8-5　中国与"一带一路"共建国家和地区服务贸易出口分行业的互补性系数变化情况

（Service8）、个人与文化及康乐服务（Service9）由"单赢"转为了"双赢"，即通过"一带一路"建设由贸易替代关系转为了贸易互补；保险与养老金服务（Service5）存在较为明显的竞争替代关系，其他商业服务（Service11）则由之前的互补关系转为替代关系。

　　综合来看，中国商品和服务贸易优势的主要特征如下：一是"传统与新兴并重"，强国际竞争优势主要集中在传统或中低技术产品与服务领域（纺织服装、其他低技术产品、机械产品以及针对制造业的加工贸易与维修服务、建筑业），也存在于部分新兴或高技术产品与服务领域（电子器件与电器产品、通信与计算机和信息服务），这实际上是中国长期坚持国内产业转型升级以及优先发展战略性新兴产业取得绩效的侧面体现。二是"结构转换明显"，既有由国际竞争优势转为国际竞争劣势的产业（初级产品、旅游），也有由国际竞争劣势转为国际竞争优势的产业（知识产权使用费服务），这实际上是中国资源短缺现状、居民旅游消费需求升级与国内有效供给不足、强化知识产权保护与加强法治建设的体现。三是"合作共赢""一带一路"建设在诸多领域实现了中国与共建国家由"单赢"转为"双赢"，如其他资源型制造产品、高技术产品中的其他高级产品、金融服务、知识产权使用费、通信与计算机和信息服务、个人与文化及康乐服务等领域，这正是"一带一路"建设秉持的"共商、共享、共建"原则的充分体现。四是"潜力与矛盾"，在分析的 21 个行业或领域中，仍有 10 个行业或领域为弱国际竞争优势，这意味中国商品和服务贸易优势的提升空间较大；但其中的自动化产品、加工工业品、保险与养老服务、金融服务 4 个行业或领域与"一带一路"共建国家和地区存在替代竞争关系，这意味着区域内产业竞争会对上述 4 个行业或领域的国际贸易优势增长形成压力；值得乐观的是，在农业为基础的产品、其他资源型产品、其他高级产品、运输、电子器件与电器产品、其他高级产品 6 个行业或领域内，中国与"一带一路"共建国家和地区存在互补的"双赢"关系，这意味着上述 6 个行业或领域在与"一带一路"共建国家和地区的合作中会促进国际贸易优势进一步增长。

第三节　对外直接投资、出口贸易与全球化：面向"一带一路"

我们将社会全球化、政治全球化作为考察出口贸易与对外直接投资关系的重要影响因素，选取中国对"一带一路"共建国家和地区的商品出口（$ex_{-product}$）、服务出口（$ex_{-service}$）、对外直接投资（OFDI）、社会全球化（$kof_{-social}$）、政治全球化（$kof_{-politics}$）作为核心变量，重点考察它们之间的长期均衡关系。商品和服务贸易出口数据来源于 WTO DATA 数据库，对外直接投资数据来源于《中国对外直接投资统计公报》、全球化数据来源于 KOF 瑞士经济研究所官网数据，以上相关原始数据为当期价格，我们按照出口商品价格指数进行折算为 2005 年为基期的可比价格，同时为了减少多重共线性以及消除量纲的影响，我们还对数据进行了取自然对数处理，侧重于变化率即弹性关系的考察。数据取值范围为 2005 ~ 2019 年。运用统计软件 Stata15 进行实证分析。

首先，运用 ADF 单位根检验法检验数据的平稳性，结果如表 8 - 1 所示。

表 8 - 1　　　　　　　　　　　　变量的平稳性检验

变量	检验类型（CTL）	ADF 值	临界值			是否平稳
			1%	5%	10%	
$ex_{-product}$	（CT0）	- 2.924	- 3.750	- 3.000	- 2.630	否
$\Delta ex_{-product}$	（NT0）	- 2.414 **	- 2.660	- 1.950	- 1.600	是
$ex_{-service}$	（CT0）	- 2.331	- 3.750	- 3.000	- 2.630	否

变量	检验类型（CTL）	ADF 值	临界值			是否平稳
			1%	5%	10%	
$\Delta ex_{-service}$	（NT0）	-2.638**	-2.660	-1.950	-1.600	是
OFDI	（CT0）	-2.610	-3.750	-3.000	-2.630	否
$\Delta OFDI$	（CT0）	-5.574***	-4.380	-3.600	-3.240	是
$kof_{-social}$	（CT0）	-0.271	-3.750	-3.000	-2.630	否
$\Delta kof_{-social}$	（NT0）	-2.653**	-2.660	-1.950	-1.600	是
$kof_{-politics}$	（CT0）	-2.564	-3.750	-3.000	-2.630	否
$\Delta kof_{-politics}$	（NT0）	-3.348***	-2.660	-1.950	-1.600	是

注：表格中△代表对变量取一阶差分，C代表回归中包含常数项，T代表回归中包含时间趋势项，N代表回归中不包含常数项或时间趋势项，L代表回归中滞后阶数，***代表在1%的显著性水平下拒绝序列含有单位根的原假设，**代表在5%的显著性水平下拒绝序列含有单位根的原假设。

由表8-1可知，通过一阶差分，商品出口、服务出口与社会全球化在5%的显著性水平下，对外直接投资与政治全球化在1%的显著性水平下，都拒绝序列含有单位根的原假设，变量一阶差分平稳，因此，上述变量都是一阶单整变量。出口贸易、对外直接投资与全球化满足长期均衡关系分析的前提条件。这里分别对商品出口和服务出口函数做回归分析，得到长期均衡关系模型如下：

$$ex_{-service} = 1.484128kof_{-social} - 0.7025615kof_{-politics} + 0.3983532OFDI + 2.105965 \tag{8-4}$$

$$ex_{-product} = -2.24485kof_{-social} + 2.911569kof_{-politics} + 0.3909160OFDI + 17.61453 \tag{8-5}$$

接下来，我们采用基于向量自回归模型回归系数的协整检验法对长期均衡关系进行检验，根据数据特征，利用 SBIC 以及 HQIC 信息准则确认协整方程，得到协整检验结果。如图8-2所示。

表8-2   Johansen 协整检验结果

函数关系	原假设	特征值	迹统计量	临界值（5%）	SBIC	HQIC
$ex_{-service}$ 与 OFDI、$kof_{-social}$、$kof_{-politics}$	不存在协整关系	0.99929	144.7946	39.89	-6.774324	-7.612566
	至多一个协整关系	0.94112	50.5292	24.31	-12.64438	-13.84935
	至多两个协整关系	0.62435	13.7095	12.53	-14.49014	-15.95707
	至多三个协整关系	0.07271	0.9813*	3.84	-14.87732*	-16.50142*

续表

函数关系	原假设	特征值	迹统计量	临界值（5%）	SBIC	HQIC
ex$_{-product}$ 与 OFDI、kof$_{-social}$、kof$_{-politics}$	不存在协整关系	0.99745	108.7983	39.89	−5.972811	−6.811053
	至多一个协整关系	0.82691	31.1792	24.31	−10.56239	−11.76736
	至多两个协整关系	0.42657	8.3781*	12.53	−11.32979*	−12.79672
	至多三个协整关系	0.08457	1.1487	3.84	−11.294	−12.91809*

注：时间序列数据均为无趋势或常数项，滞后间隔为2；＊表示这个估计量已经选择了对应于表的这一行的协积分方程的个数。

　　从检验结果来看，迹统计量与 SBIC、HQIC 信息准则均拒绝了"不存在协整关系"的原假设，但不拒绝存在至多两个或至多三个协整关系的假设。这说明中国在"一带一路"共建国家和地区的商品、服务贸易出口与对外直接投资以及"一带一路"共建国家和地区的社会全球化、政治全球化发展具有长期稳定的均衡关系。

　　为了进一步确定变量之间是否存在因果关系，还需要进行格兰杰因果检验。根据表 8-3 的检验结果来看：社会全球化、政治全球化是服务贸易出口的单向格兰杰原因，社会全球化、政治全球化与商品贸易出口呈现双向格兰杰因果关系，商品贸易出口是对外直接投资的单向格兰杰原因。

表 8-3　　　　　　　　　　　格兰杰因果检验结果

原假设	P 值	结论
ex$_{-service}$不是 kof$_{-social}$的格兰杰原因	0.108	接受
kof$_{-social}$不是 ex$_{-service}$的格兰杰原因	0.000	拒绝
ex$_{-service}$不是 kof$_{-politics}$的格兰杰原因	0.223	接受
kof$_{-politics}$不是 ex$_{-service}$的格兰杰原因	0.000	拒绝
ex$_{-service}$不是 OFDI 的格兰杰原因	0.202	接受
OFDI 不是 ex$_{-service}$的格兰杰原因	0.711	接受
ex$_{-product}$不是 kof$_{-social}$的格兰杰原因	0.006	拒绝
kof$_{-social}$不是 ex$_{-product}$的格兰杰原因	0.000	拒绝
ex$_{-product}$不是 kof$_{-politics}$的格兰杰原因	0.037	拒绝
kof$_{-politics}$不是 ex$_{-product}$的格兰杰原因	0.000	拒绝
ex$_{-product}$不是 OFDI 的格兰杰原因	0.003	拒绝
OFDI 不是 ex$_{-product}$的格兰杰原因	0.066	接受

上述分析结果表明："一带一路"共建国家和地区社会全球化是中国对该地区服务贸易出口增长的正向成因，是中国对该地区商品贸易出口增长的负向成因，这说明，"一带一路"共建国家和地区的人员交流、信息流动、文化接近性等社会全球化指标发展促进了中国的服务贸易出口，但却抑制了中国商品贸易出口（可能的原因是该区域内社会全球化的发展增加了对中国以外其他国家的商品进口形成对中国商品的替代所致）。"一带一路"共建国家和地区的政治全球化是中国对该地区服务贸易出口增长的负向成因，是中国对该地区商品贸易出口增长的正向成因，这说明，"一带一路"共建国家和地区的大使馆数量、参加国际组织、参与联合国活动、签署国际条约数量等政治全球化指标的发展抑制了中国的服务贸易出口（可能的原因是该区域内受到西方政治力量左右的政治全球化发展对中国形成了排他性所致），但却促进了中国商品贸易出口。中国的商品贸易出口与"一带一路"共建国家和地区的社会全球化、政治全球化发展呈现出双向因果关系，这说明，中国通过商品贸易出口与该区域发展形成了紧密的融合互动关系；但服务贸易出口不具有这种融合互动关系，这说明，中国服务业发展的缓慢且与"一带一路"共建国家和地区的社会治理与政治建设需求之间结合度不够。中国商品贸易出口促进了在"一带一路"共建国家和地区的直接投资增长且为单向因果关系，这可能是国内出口贸易企业向"一带一路"共建国家和地区进行产业转移投资的结果。

第四节　结论

全球化是中国经济"走出去"的外部环境也是充分条件，对外直接投资与出口贸易是中国经济"走出去"的两条重要路径。中国经济"走出去"就是全球化发展的一部分，全球化的发展也需要中国经济"走出去"。综上研究，主要结论如下：

首先，中国经济"走出去"的能力优势明显，但仍需加强建设。中国出口贸易与对外直接投资在"一带一路"共建国家和地区具有明显的相对竞争优势。这种竞争优势表现为三种情形：一是传统贸易优势的延续，如纺织与机械品等出口优势；二是新兴领域优势的拓展，如电子器件与电器产品、通信与计算机和信息服务等出口优势；三是产业升级中的互补性优势，如初级产品贸易出口优势下降与知识产权使用费服务贸易出口优势提升、符合中国产业升级与"一带一路"共建国家和地区产业发展需求的比较优势原则与"错位发展"需求。但中国在"一带一路"的"走出去"能力建设依然需要加强，由于"一带一路"共建国家和地区的经济治理体系与能力发展还有待提升，市场开放度与活跃度相较于成熟市场经济体国家仍较为落后，制约了中国"走出去"的竞争优势发挥。此外，虽然人员、信息与文化交流的开放度提升创造了合作的机遇，但中国出口贸易与区域内国家的发展需求匹配性不够，制约了部分行业领域的出口贸易发展，如中国在自动化产品、加工工业品、保险与养老服务、金融服务等行业领域与"一带一路"共建国家和地区存在替代竞争关系。造成这种局面的原因，一方面是受到区域内国家保护性制度限制所致，另一方面也是中国相关产业未与区域内国家的相关产业需求形成有效对接，依然落后性地停留在同位置竞争阶段所致。

其次，"一带一路"共建国家和地区的市场是中国经济"走出去"的主要"蓝海"。目前，中国货物出口约占全球的14%，其中约1/14出口到"一带一路"共建国家和地区；中国服务贸易出口约占全球的5%，其中约1/5出口到"一带一路"共建国家和地区；中国对外直接投资的流量约占全球11%，其中约1/7投向了"一带一路"共建国家和地区①，而且上述比例还在不断增长，这说明了"一带一路"共建国家和地区在中国经济高质量"走出去"战略实施中的重要位置。中国与"一带一路"共建国家和地区在其他资源型制造产品、高技术产品中的其他高级产品、金融服务、知识产权使用费、通信与计算机和信息服务、个人与文化及康乐服务等领域的贸易互补性已经呈现出明显的"双赢"发展局面。中国对外直接投资竞争力的提升，尤其是净资本输出由"负"向"正"的转换，代表着经济"走出去"能力"质"的提升，这与"一带一路"共建国家和地区形成了明显的互补性"共生关系"。中国商品/服务贸易出口与"一带一路"共建国家和地区的社会全球化、政治全球化发展已经形成较为稳定的长期均衡发展关系，"一带一路"

---

① 以上数据为笔者根据《中国统计年鉴（2006~2020）》相关数据测算而得。

共建国家和地区已经成为中国外贸与投资市场多元化发展的重要着力点。

最后，中国面向"一带一路"共建国家和地区经济"走出去"战略的整体性与系统性发展相对不足。中国对"一带一路"共建国家和地区的服务贸易出口与对外直接投资之间的因果关系不明显，而且对外直接投资没有形成对商品贸易出口的影响，这实际上意味着中国对"一带一路"共建国家和地区的直接投资可能是非经济性动机，这部分资金来自非外向型企业主导；与此相反，商品贸易出口却影响了对外直接投资，这意味着中国对"一带一路"共建国家和地区的商品贸易出口是经济性动机，这部分资金来自外向型企业主导。综合上述分析意味着，中国在"一带一路"共建国家和地区的服务贸易出口、商品贸易出口、对外直接投资之间整体关联性不强，由经济目标导向的系统性联系不完善。

针对上述结论，提出对策建议如下：

一是进一步强化中国经济"走出去"的动态优势与竞争力。改革开放40余年来，中国出口贸易由"三来一补"发展至目前的相对优势明显，其中沉淀下来的是禀赋优势，包括自然资源禀赋，也包括已经内化了的后天形成的禀赋优势，如中低技术制造业、机械制品等领域的生产工艺、成熟产业工人等。锚定未来的技术优势毋庸置疑是保持相对优势的长久动力源。中国对外直接投资在"一带一路"建设中的目标导向应关注长短期目标的综合实现，从绝对竞争优势角度来讲，应关注所有权优势、区位优势、内部化优势的可持续性；从相对竞争优势角度来讲，应突出低成本、技术的易消化吸收、促进双方产业升级等特点，注重区位比较优势的提升。

二是密切关注"一带一路"共建国家和地区的社会与政治全球化发展态势。中国正在面向世界，推行开放合作与包容并蓄的发展道路。中国与"一带一路"共建国家和地区的稳定合作，一方面需要更多的以经济上"互补性优势"呈现，另一方面强化政治与社会发展方面的合作也是必要的和必需的。中国通过与相关国家和地区在社会治理与制度建设方面的合作可以有效促进出口贸易与对外直接投资的有效开展。

三是宏观调控政策的制定应将国内产业结构调整、出口贸易与对外直接投资进行统一性考虑。国内产业政策应突出资源优化配置、结构优化升级、绩效优化提升，贸易政策应突出两个市场与两类资源的平衡与互补，对外直接投资政策应突出优势与资源的获取。各项政策要保持好彼此间协调关系，政策合力既要促进国内产业结构优化，也要努力形成中国与"一带一路"共建国家和地区的顺产业价值链梯度位置的产业优势互补局面，以及实现出口贸易供给与"一带一路"共建国家和地区进口需求的最大化契合。中国企业应避免在东道国的过度竞争，建立在东道国有主动需求的出口贸易优势；对外直接投资获取优势应服务于国内产业升级需要，应与出口贸易形成互补联动。中国政府部门须关注"资本外逃"性质的直接投资，建立满足国内需求、立足与东道国长期合作所需的政策引导性质的鼓励对外直接投资产业目录，发挥好政策性引导作用。

第九章　中国对外直接投资的政策变迁

　　对外直接投资理论研究在 20 世纪 60 年代开始兴起，从以发达国家为研究对象的垄断优势理论、产品生命周期理论、经典 OLI 理论，再到以发展中国家为研究对象的小规模技术理论、技术地方化理论等均是以获取绝对或相对竞争优势为目标，中介目标包括了市场、资源、技术等。若从经济增长的宏观视角来看，对外直接投资实际上是开放经济下资本要素的跨国流动，是经济增长到一定阶段后的资本外溢；从经济发展的宏观视角来看，对外直接投资则是一国或地区经济社会发展到一定阶段后，伴随着产业升级的"经济起飞"的"转轨动作"。因此，从经济增长与经济发展阶段性的宏观视角考察对外直接投资活动，对于对外直接投资理论研究则具有全局性与一般性研究价值。从政策制定内生于经济社会发展的一般性角度来讲，各国对外直接投资政策变迁是契合于其所处历史发展阶段的，同时，政策制定与外部环境又具有明显的互动性，因此，各国对外直接投资政策是各国经济社会发展内在规律性与外部环境适应性的体现。基于上述认知，带有全局性与一般性的中国对外直接投资政策变迁研究应从中国经济增长与经济发展的内部阶段性与外部环境特征角度展开。

　　中国由改革开放之初的"储蓄与外汇双缺口"、全面建成小康社会之前的"资本净流入"再到开启社会主义现代化国家新征程的"内外循环新格局"，政府对外直接投资政策发生了系统性变迁。进入新时代以来，中国经济发展呈现出"三个提高"的阶段性特征。"三个提高"分别是指中国人均 GDP 从 2012 年的 6164 美元提高至 2021 年突破 1.2 万美元，接近高收入国家人均收入水平下限；对外直接投资流量由 2012 年的 878 亿美元提高至 2020 年的 1329 亿美元；第三与第二产业产值比重由 0.985 提高至

1.442。对比 2012 年前后的变化，可以直观感受到这种"提高"的明显变化，如图 9-1 所示。

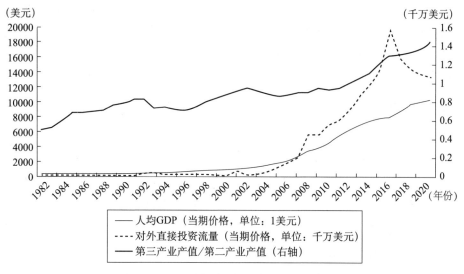

图 9-1　中国经济的"三个提高"阶段性特征

资料来源：联合国贸发会议数据库统计资料。（https：//unctadstat. unctad. org/wds/ReportFolders/reportFolders. aspx），其中，2021 年数据为商务部最新公布数据。

"三个提高"体现了中国经济发展的新特征，即当由投资驱动的经济增长面临产业供给滞后于市场需求而呈现滞缓时，产业转型升级变得尤为重要；对外直接投资所形成的逆向溢出效应成为推动产业转型升级的动力之一，转型升级的产业形成有效供给拉动经济走出逆境。党的十八大以来的新阶段正是中国对外直接投资加速发展阶段，也是代表工业化中后期社会向后工业化社会与信息化社会转型的指标——第三产业与第二产业产值比重加速上升的阶段，亦是中国人均 GDP 加速突破所谓的"中等收入陷阱"阶段。

新时代以来的中国外部环境发生了明显变化，风险的不确定性加大。在 2008 年世界金融危机冲击下，第二次世界大战后形成的由美国提供的带有国际公共产品属性的政治与经济等秩序格局开始崩塌，所谓的"霸权稳定"开始失衡。20 世纪 80 年代开始的推崇贸易与投资自由化的全球化浪潮正在消退，逆全球化趋势明显。中国进入新时代以来的世界贸易与投资环境正在回归到 20 世纪 80 年代以前的"有限全球化"① 状态，其与中国全面建设小康社会目标的实现以及开启中国式现代化新征程道路、实现中华民族伟大复兴梦交织在一起。当前的中国正处于历史上最好的时期，也是最关键的"激流勇进"时期。金融危机与新冠疫情将西方发达国家产业"空心化"的缺点充分暴露出来，西方发达国家开始加大吸引海外资金向本土产业投资回流；意识形态领域的偏见导致针对中国海外投资的限制与管控政策不断增加，这些都将导致中国对外直接投资面临的风险与不确定性加大，亦有人称中国所面临的外部环境为所谓的"修昔底德陷阱"②。

面对当前国内外形势，"全党要统筹中华民族伟大复兴战略全局和世界百年未有之大变局"的"两个大局"战略思维是中国在"十四五"时期面对国内外复杂环境，抓住机遇与把握发展主动权，提升国家竞争优势，推进高质量发展的核心方法与能动视角。运用"统筹两个大局"战略思维分析中国对外直接投资政策，我们需要从历史发展、时代潮流以及未来发展方位的中国和世界的大历史观、大局观和角色观角度进行深入剖析。这里将从历史传承、国家发展阶段、国际一般经验比较借鉴的视角，分析中国对外直接投资政策变迁的基调、形成逻辑、他国经验与未来趋势等，以期丰富中国特色社会主义对外直接投资政策的理论内涵研究。

第一节　中国对外直接投资政策的基调变迁

中国对外直接投资政策变迁体现了中国改革开放以来的整体宏观政策阶段性变化，与历次党的代表大会所作出的重要决定以及国内外宏观经济环境变化具有密切关联性。我们以对外直接投资的项目管理方式、外汇使用规定、政策设计初衷、投资主体以及风险防控等维度，梳理中国对外直接投资政策

---

① 所谓"有限全球化"即各国都想方设法收回更多经济主权，全球化方向随之而改变。参见郑新年：《有限全球化：世界新秩序的诞生》，东方出版社，2021 年 5 月出版，第 92 页。

② 此说法源自古希腊著名历史学家修昔底德，他认为，一个新崛起的大国必然要挑战现存大国，而现存大国也必然会回应这种威胁，这样战争变得不可避免；当一个崛起的大国与既有的统治霸主竞争时，双方面临的危险多数以战争告终。

基调变迁，其可分为 1978～1991 年的审慎监管、1992～1999 年的审慎放开、2000～2008 年的主动放松、2009～2015 年的主动作为、2016 年以来的分类施策五个阶段。

一、审慎严管：基于双短缺的国情

改革开放后的相当长一段时期内，中国对外直接投资规模都很小，主要原因是一方面受限于国家经济实力；另一方面作为当时对外直接投资唯一主体的国有企业面对国内"短缺经济的卖方市场"与计划经济的企业管理体制影响下缺少"走出去"的积极性与主动性；而且，海外投资活动也受到了严格的审批控制。1983 年，经国务院授权的外经贸部联合外汇管理局等部门建立起来的"市—省—国家"三级审批流程烦琐冗长，1990 年，国家外汇管理局将投资境外的外汇资金性质限定为境内投资者自有资金；1991 年颁布的《关于加强海外投资项目管理意见》中更是明确提出"我国尚不具备大规模海外投资的条件"，强调"两档审批权限"即 100 万美元以上（含 100 万美元）项目须由国家计委会同有关部门审批，3000 万美元（含 3000 万美元）项目须报国务院审批，并指出我国对外直接投资应侧重于"利用国外的技术、资源和市场以补充国内不足"和"以增进我国与第三世界国家友好合作关系的南南合作"。此阶段内的对外直接投资政策基调主要是"不鼓励与严格审批"，这符合了当时国内资金与海外投资经验双短缺的基本国情。

二、审慎放开：思想的转变

1992 年是中国特色社会主义市场经济体制改革目标的确立之年，中国对外直接投资的政策基调由此发生转变。党的十四大报告中提出"积极扩大我国企业的对外投资和跨国经营"，党的十五大报告中进一步提出"鼓励能够发挥我国比较优势的对外投资"。中国对外直接投资流量由 1991 年的 9.13 亿美元猛增至 1992 年的 40 亿美元，这与党的十四大文件精神具有密切相关性；而 1994 年降至 20 亿美元[①]，其又与 1994 年人民币汇率双轨制并轨导致的对美元贬值 50% 而引致的对外直接投资资产价值降低有关，这是中国对外直接

---

① 相关数据参见《中国统计年鉴 1995》。

投资受汇率变化影响的突出表现。1997 年,出于防范亚洲金融危机可能引起海外国有资产损失的考虑,国家外汇管理局出台政策规定未经批准不得以个人或其他法人名义在境外开立外汇账户。当年的对外直接投资流量虽然增长,但是获得批准海外投资的项目数量明显减少。1998 年党的十五届二中全会第一次正式提出"组织和支持一批中国有实力有优势的国有企业'走出去',到国外主要是到非洲、中亚、中东、中欧、南美等地投资办厂"。为了减轻亚洲金融危机对中国出口的影响,1999 年《关于鼓励企业开展境外带料加工装配业务的意见》中确定了向境外转移国内优势长线加工生产能力的轻工、服装加工等企业到境外开展带料加工装备业务的指导思想、基本原则和政策扶持措施,随后的海尔、康佳、中建、春兰等一批企业开始主动走向海外。此阶段内的对外直接投资政策特点是"理念先行、政策缓行",其政策基调表现为"战略性开放、战术性谨慎"即强调"依托自有优势、面向传统合作地区、维持出口贸易优势,同时严控投资项目类别与外汇使用领域",这与当时中国所处的国际地位和对外经济交往能力密切相关。

三、主动放松:取消限制性政策

进入 21 世纪的中国加快了对外直接投资的步伐。2000 年全国人大九届三次会议将"走出去"战略提高到国家层面,2001 年《国民经济和社会发展第十个五年计划纲要》提出"鼓励能够发挥中国比较优势的对外投资,扩大国际经济技术合作的领域、途径和方式",党的十六大和党的十七大突出强调了"引进来"和"走出去"相结合。此期间内,政府在项目管理与外汇使用方面出台了一系列放松性规制,如 2004 年《国务院关于投资体制改革的决定》中明确了非政府投资海外项目不再实行审批制,而是根据不同情况实行核准制和备案制;原"两档审批权限"被放宽为"非资源开发类 3000 万美元/资源开发类 2 亿美元以上项目由国务院核准,非资源开发类 1000 万美元/资源开发类 3000 万美元以下项目由省级部门核准、国家发展和改革委员会备案";当年出台的《境外投资项目核准暂行管理办法》简化了审核环节并提高了核准效率。2001 年开始国家放宽出口企业收入留汇限制,2002 年取消境外直接投资汇回利润保证金制度,2006 年取消地方外汇管理部门核定境外投资设定购汇额度,2008 年修订的《中华人民共和国外汇管理条例》正式取消了强制结售汇制度。此外，2005 年国务院《关于鼓励支持和引导个体私营等非公有制经济发展的若干意见》、2007 年商务部等部门《关于鼓励和支持非公有制企业对外投资合作意见》均对非公企业海外投资给予明确支持，强调其与其他类型企业享有同等待遇。此阶段内对外直接投资政策基调表现为：一是对之前审慎严管政策的调整，二是对"走出去"战略思想的战术层面落实，这与国家综合实力提升以及加入 WTO 后所面对的崭新国际形势相联系。

四、主动作为：制定激励性政策

2008 年世界金融危机对发达国家产生的"海外资金回流"现象，在客观上形成了中国企业对外直接投资的机遇。中国政府继续放松对外直接投资的限制性规定，如 2009 年商务部修订《境外投资管理办法》进一步下放权限和简化流程，通过商务部"境外投资管理系统"填报的申请最快可在 3 个工作日内获得备案通过；国家发展和改革委员会在 2011 年将非资源开发类 1 亿美元/资源开发类 3 亿美元以下的核准权限下放给了省级发改部门，2014 年颁布《境外投资项目核准和备案管理办法》明确要求对外直接投资以"备案为主、核准为辅"。此外，政策性资金支持扩大对外直接投资成为这一时期内的重要特征，2012 年中国进出口银行与美洲开发银行共同出资建立基金，支持企业在拉美地区的基础设施和大宗商品等自然资源领域的股权投资；2014 年中国国家开发银行与法国国家投资银行共同注资基金专门支持投资中法两国的中型规模企业，同年，由外汇储备部门、中国投资有限责任公司、进出口银行、开发银行等共同出资成立的丝路基金面向"一带一路"发展的所有潜在项目提供资金支持。此外，中国还设立了支持中小企业海外投资的"市场开拓资金"，扶持高风险资源类勘探活动的"矿产资源风险勘察专项资金"、鼓励具有相对优势企业走出去的"对外经济技术合作专项资金"等。此阶段内对外直接投资政策基调更加强调对于"走出去"所需资金的支持，围绕"一带一路"建设的政府职能部门定位开始由监管向服务转型，对于高新技术、高端装备、资源开发与基础设施行业领域的导向性意图更加突出。

五、理性监管：分类施策

2016 年，中国对外直接投资中住宿/餐饮、文化/体育/娱乐、房地产投资增长速度接近或超过了 100%，非理性投资增长直接促成了此前"普惠性激励政策"向"分类施策"的转变。在人民币汇率下跌与全球对外直接投资市场增长环比下降的条件下，2016 年上半年中国债务工具投资却增长迅速，存在"资金外逃"风险，监管部门在 2016 年底加强了对境外投资的真实性审查；2017 年多部门联合发布的《关于进一步引导和规范境外投资方向的指导意见》中明确提出"鼓励、限制与禁止"的分类监管模式，其中，鼓励领域包括"一带一路"共建国家和地区基础设施、优势产能/优质装备/技术标准输出、高新技术/先进制造、具有审慎评估经济效益的油气/矿产等勘探与开发、农业合作、商贸/文化/物流/金融服务；在上述领域中涉及缺少国家间投资协议以及在技术、环保、能耗或安全标准方面不达标，以及无实业项目依托的投资基金项目或者具有非理性特征的房地产、酒店、影城、娱乐、体育娱乐等项目是被限制的；被禁止的领域则包括了可能危害国家利益与安全的、未经批准的、明确禁止的技术、工艺与产品，以及按照已签订的国际或国家间条约禁止的境外投资等，实际上在剔除了禁止类与限制类后的鼓励类是全面而广泛的；2018 年国家发展和改革委员会制定了《境外投资敏感行业目录》，这是"负面清单"管理思维的一种体现。政府在加强国有企业海外投资风险防控的同时，鼓励支持民营企业积极拓展境外投资，2020 年《关于支持民营企业加快改革发展与转型升级的实施意见》中提出"支持民营企业平等参与海外项目投标，避免与国内企业恶性竞争"、通过"第三方市场合作的平台""行业组织""海外中国中小企业中心"助力民营企业开拓国际市场。此阶段内对外直接投资政策基调为"分类甄别与精准施策"，重点审查虚假海外投资，防范资本外溢风险；提示非理性海外并购风险，强化预警服务指导；突出对外直接投资与国内经济产业的互补性发展，推动非公资本面向世界做强做大。

第二节　中国对外直接投资政策的形成逻辑

中国对外直接投资政策变迁是中国改革开放后国民经济政策变迁的一个缩影，因此，中国对外直接投资政策演进所遵循的基本逻辑是嵌入在国民经济政策变迁逻辑下的反映。中国改革开放后国民经济政策变迁逻辑遵循了社会主要矛盾的变化，1981 年党的十一届六中全会提出"在现阶段，我国社会的主要矛盾是人民日益增长的物质文化需要同落后的社会生产之间的矛盾"，解放发展生产力，解决制约生产力发展的各项因素是当务之急，在对外直接投资政策层面即体现为"侧重于利用国外的技术、资源和市场以补充国内不足"；2017 年党的十九大报告中提出"中国特色社会主义进入新时代，我国社会主要矛盾已经转化为人民日益增长的美好生活需要和不平衡不充分的发展之间的矛盾"，将解决不平衡不充分发展作为主要任务，在对外直接投资政策层面则体现为"互利共赢、多元平衡、安全高效"，这是中国对外直接投资政策变迁遵循的基本逻辑。这个基本逻辑所遵循的社会主要矛盾变迁又是来自生产力与生产关系、经济基础与上层建筑的社会发展基本矛盾关系。社会发展基本矛盾关系变化反映在国民经济发展的阶段性任务上，则有：为了发展生产力而努力推进的工业化建设，为了解决制约生产力发展的生产关系矛盾而推进的市场化改革，为了促进生产力进一步发展与适配生产关系的上层建筑完善而推进的法治化建设。这里，我们基于中国工业化、市场化、法治化建设的推进历程，来进一步解析中国对外直接投资政策变迁的形成逻辑。

首先，改革开放以来的工业化发展形成了对外直接投资的实力，促进工业化发展与释放工业化产能是中国对外直接投资政策的内在宗旨之一。改革开放后的工业化发展延续了 1956 年党的八大提出的"建立先进的工业国的要求同落后的农业国的现实之间的矛盾"这个主要矛盾的解决出路要求，之初的国内工业化发展缺少资金、技术、管理经验等，于是改革开放后吸引外商投资成为弥补"发展缺口"的主要途径。当时的中国尚"不具备大规模海外投资的条件"，而且国内市场处于"短缺市场"，所以工业化产品基本主要以满足内需为主。1998 年前后，中国基本上由"短缺经济"过渡到"过剩经济"，加之东南亚金融危机对出口贸易的影响，这就意味着需要通过海外投资拉动出口。此时，带有开拓海外市场目的"向境外转移国内优势长线加工生产能力"的"走出去"战略从国家层面被正式提出，中国已经具备了较大规模海外投资的条件。21 世纪第一个 10 年是中国工业化发展的高峰期，高投资、高增速、高出口，对外投资也得到快速增长，2008 年的全球经济危机为中国工业化生产能力的海外转移创造了难得的相对低成本投资机遇。21 世纪第二个 10 年是国内消费升级、内需下降以及制造业升级、中美贸易端摩擦频发的时期，此时的传统工业产能过剩，供给侧结构性改革在对外投资上的反映即为面向"一带一路"区域的国际产能合作；另外，国内产业转型升级对高端技术的需求意愿迫切，提升了中国与发达国家进行高端技术合作的愿望。但在现实中，限于国外对中国的技术封锁，我们走出了中国式现代化新道路，在对外投资中的反映即为"互利共赢、多元平衡、安全高效"。上述回顾让我们清晰认识到，中国工业化发展提升了国家实力，这是中国对外直接投资的前提、基础和条件；中国通过对外直接投资获取工业化发展所需的技术虽具有主观需求意愿，但客观上来讲，实现程度有限，然而通过对外直接投资进入海外市场，将工业化产能释放则得到较多实现，因此，围绕工业化发展的生产能力提升以及产能释放成为对外直接投资政策的一个内在宗旨。

其次，市场化改革形成了多元化的对外直接投资主体，对外直接投资政策是国内市场化制度改革的线索之一。20 世纪 80 年代开始，随着外商投资进入中国的规模不断增长，其形成了对国内同业的冲击，同时，国内制度性制约因素也阻碍了外商投资在国内的进一步发展。于是，既为了提升国内企业竞争力，也为了有效吸收外商直接投资，进一步推进市场化改革的任务被提了出来，建立中国特色社会主义市场经济体制在 1992 年被明确提出。此时的深化市场化改革成果更多表现为国内市场吸收外商投资的增长，与此同时，国内企业在国内市场竞争中提升了与国际接轨进行商业合作的能力，一批企业在与"请进来"的国外企业"学习"后开始"走出去"。国内农村市场化改革中由乡镇企业成长起来的民营企业与城市国有企业改革中"造船出海"的大型企业以及多种所有制企业共同形成了多元化的对外直接投资主体。20 世纪末，随着国内由"短缺经济"进入"过剩经济"，市场化改革的重心开始由"解决供给侧的生产能力相对不足问题"转向"解决需求侧的市场相对饱和问题"即所谓的"扩大内需"。多元化的投资主体需要"走出去"，开拓海外市场，此时的对外投资政策主要表现为审批权限、资金管理等方面的放松规制。进入新时代以来，市场化改革重点转向成熟型制度建设，市场化改革的中心任务突出全面性与综合性，着眼于基本制度与运行机制，强调市场发挥决定性作用、完善产权制度、现代化治理体系与治理能力提升等。高质量的市场化体系建设要求对外直接投资与国内经济发展相契合，形成"国际经济合作和竞争新优势"。在处理政府与市场的关系方面，改革方向是强调构建服务型政府，这反映为对外直接投资政策的"精准分类指导"与"专项扶持"。在处理发展与稳定的关系方面，改革方向是强调优化结构，这反映为对外直接投资政策的"分类监管"与"防止资金外逃"。通过上述回顾，我们可以发现：国内市场化改革壮大了对外直接投资企业规模与实力，企业通过在国内市场竞争性学习中培养了"走出去"的能力，具有成熟市场化特征的对外直接投资政策成为对外直接投资高质量发展的制度保障。

最后，法治化建设促进了中国对外直接投资的规范、安全与高效发展，对外直接投资政策成为中国参与全球经济治理的重要途径之一。进入新时代以来，依法治国成为党领导人民治理国家的基本方略。这反映在对外直接投资政策上，就是从项目管理方式、外汇使用规定、投资主体、投资领域以及风险防控方面构建的详尽国内系列制度。同时，中国还积极参与国际贸易投资规则制定，推动全球经济治理体系建设，如"一带一路"建设中的"产业合作区"建设、成立共同基金、发展"协议投资伙伴关系"等。面向未来，中国的法治化建设仍将不断完善，法治化的精髓在于"治"的互动性，在制度建设上中国与世界的互动交流将不断加强，推动共识、共建与共享，中国对外投资政策将更具开放性与世界性价值。

第三节　对外直接投资政策变迁的他国历史经验

从市场与政府的关系出发，当今奉行市场经济的各主要国家大致可分为两类：一类是偏于"市场＋政府"即市场强于/优于政府；另一类是偏向于"政府＋市场"即政府规划/引导市场。按照世界各国的经济发展模式来看，英美的"盎格鲁——撒克逊模式"、欧洲的"莱茵模式"以及东亚模式，或者不算成功的拉美模式等虽然各有千秋，但总的来说，其中仍贯穿了市场与政府的辩证关系。目前中国政府坚持"市场发挥决定性作用和更好发挥政府作用"的中国特色社会主义市场基本规律，符合中国实际地处理了政府与市场的关系。政府作为政策设计的主体，虽然中国政府与他国政府在对外直接投资政策设计中的角色与地位有所差异，但其中的一般性经验仍不失借鉴意义。这里，我们选择强调"自由放任"的美国和强调"政府干预"的日本两个较为典型且较为成熟国家的历史阶段性对外直接投资政策进行借鉴分析。

一、美国和日本对外直接投资政策经验的可借鉴性依据

基于前述的新时代以来中国正处于经济社会发展"三个提高"与外部环境"激流勇进"阶段特征，我们比照美国和日本在第二次世界大战后的历史发展阶段情形，可以发现美国和日本与中国当前的国内外发展阶段特征具有一定的相似性即国内转型发展加速、国际地位正在/接近世界舞台中央。

从内部发展阶段特征来看，第二次世界大战后的美国和日本两国经济快速发展，国内产业结构转型升级加快，充盈的国内财富向国外溢出进行跨国投资特征明显（见图9-2）。从20世纪70年代开始，美国和日本对外直接投资增长开始加速，其中，美国从1970年的782亿美元增长至1980年的2156亿美元，日本从1970年的9亿美元增长至1980年89亿美元。与此同期，美国和日本人均GDP也相继突破1万美元，其中，美国从5018美元增长至12343美元，日本从2026美元增长至10266美元，这说明，两国的经济社会结构发生了明显的改变；具有后工业化特征的第三产业与第二产业产值倍数均已突破1，其中，美国在1.8~2.0，日本在1.1~1.4。

从外部环境来看，回溯到20世纪初，经过第二次工业革命的美国工业生产总值开始超过航海殖民时代的世界霸主国家英国，而在接下来的两次世界大战中美国向参战国贩卖战争物资与放贷又获利颇丰，直至第二次世界大战结束后，随着英国殖民体系的彻底瓦解，美国成就世界霸主，此时的美国已经完成本轮工业化。通过加速海外投资来转移相对过剩生产力，美国的对外直接投资伴随着20世纪80年代中期的跨国企业崛起呈现出快速增长态势，跨国公司曾被认为是美国霸权的三大支柱之一①。可以说，美国在"激流勇进"中实现了完美的超越。第二次世界大战后的日本在美国的支持下发展出口导向型工业，经济快速增长至20世纪70年代时，第三产业产值占比重超

---

① 海外跨国公司与核武器优势、美国的国际地位曾被并称为美国的三大霸权优势。参见罗伯特·吉尔平:《跨国公司与美国霸权》，东方出版社2011年版，第124~129页。

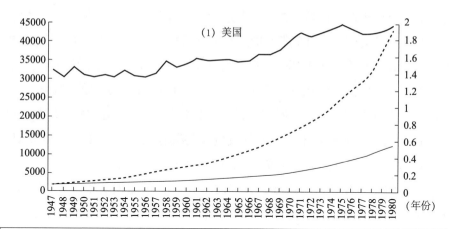

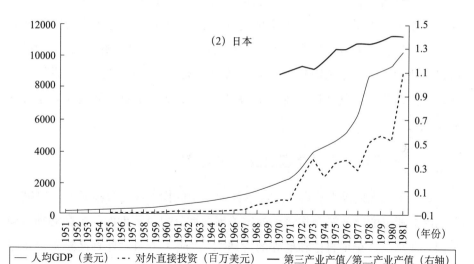

图9-2 美国与日本的"三个提高"情况

资料来源：日本的第二产业、第三产业产值数据来源于联合国贸发会议数据库，其余数据均来自《苏联和主要资本主义国家经济历史统计集（1800~1982）》，人民出版社1989年版。

过50%，开始向后工业化社会转型，"贸易立国"成为当时的日本国策。日本通过出口产业创造外汇收入集聚了大量财富，当时的国内资产泡沫价格上涨，推动了国内资本向海外寻找投资利润空间。正如小岛清"边际产业转移理论"所解释的面向发展中国家的资本跨国转移一般性规律，日本制造业开始向亚洲"四小龙"等具有劳动力或土地要素相对价格优势的区域转移。与此同时，日本也对美国高新技术企业进行了大规模的跨国并购。《广场协议》后，日本为了规避日元升值带来的贸易不利因素，更是加快了对外直接投资；而且凭借日元升值，从 20 世纪 90 年代开始，日本在零售业、酒店业、娱乐业的并购与股票投资活动亦是"高歌猛进"。日本开始由之前的"贸易立国"转向"投资立国"，正如 1986 年《前川报告》指出的日本摆脱贸易引起的国际"孤立危机"关键在于扩大海外投资并将其作为立国之策。2020 年日本GDP 超过 5 万亿美元，而海外资产规模超过 10 万亿美元。

上述的美国和日本实践历程共同之处在于：国家发展阶段正处于综合实力上升阶段，经济增长总量和速度领先/赶超当时世界其他国家，国民财富增长迅速；国内传统产业产能相对过剩，国内产业升级需要向外部寻找新的市场空间，有实力的国内企业走出去在国际市场开始凸显影响力。不同之处在于：美国作为领衔国家凭借其综合实力成功超越其他国家并抑制了日本的超越，而日本作为依附国家在美国的打压下只能被动依附其发展。值得关注的是，日本依附在美国之下从"贸易立国"向"投资立国"的转变，一方面体现了其在国际竞争中的"失败"，另一方面也可能是寄生发展的"成功"。

二、美国和日本对外直接投资政策特征

基于第二次世界大战后"马歇尔计划"中的投资保证方案雏形，1948 年美国国会通过的《经济合作法》规定美国向海外提供援助的受援国必须保障美国企业享有"全面自由和平等的待遇"，这成为美国对外直接投资的最早期法律。其后的《对外援助法》《1974 贸易法》等国内法律主要在国民待遇、投资限制、资本与利润自由汇出、投资设备免税、投资资产被东道国国有化获得赔偿等方面进行了保证性制度设计。在国内法律基础上，美国政府通过签订双边投资协定将其延伸至海外投资领域，当发生适用于双边协定的海外投资违约风险时，在商业化保险机构不愿提供服务时，国内政府保险机构先行代偿然后再索赔，1971 年美国政府成立的海外私人投资公司①主要承

---

① 该公司前身是源于为配合"马歇尔计划"实施而成立的对外援助性质的经济合作署，后历次更名并将保证私人公司海外投资权益的职责从对外援助中分离出来成为该公司的主要业务之一。

担了该项业务。除了上述带有"兜底"性质的保护性制度以外，美国政府还有激励性制度设计。如美国政府多次调整税收制度，其先后经过了 1918 年的"税收抵免"、20 世纪 60 年代的"分类综合限额抵免"、20 世纪 70 年代的"分国限额抵免"与"分类综合限额抵免"二选一、1997 年放宽间接抵免层数限制等，避免了跨国企业被双重征税。此外，美国政府还通过延期纳税以及经营性亏损结转、国内生产国外加工配装产品关税优惠、为海外投资大规模基础设施和金融服务工程提供融资服务与海外投资信息服务等政策鼓励私人企业进行海外投资扩张。2017 年开始，美国政府极力反对美国企业将工厂迁往其他国家尤其是制造业的对外投资，积极主张通过税收优惠鼓励海外企业利润回流国内投资。

日本政府在仿效美国的对外直接投资保证制度和促进制度基础上，有一定的独特性。在对外直接投资保证制度方面，日本政府在 1956 年模仿美国设立了海外投资保险制度，1957 年创新性地增设了海外投资利润保险制度，其规定了针对发达国家/发展中国家投资的 10%/50% 的资金可作为亏损从企业应税收入中扣除的税收优惠措施；1972 年又增设了海外矿物资源投资保险制度。在对外直接投资促进制度方面，日本政府首先是改善外部环境，为了缓和在东南亚地区海外投资面对的敌视态度，以开发援助项目为先导（其实施由日本国际协力银行来完成），通过优惠低息贷款在教育民生与基础设施领域开展广泛的海外投资；其次是提供融资支持，将国际协力银行打造成日本国内支持对外直接投资的最主要政策性银行，将公私合营投资基金、中小企业金融公库等打造成面向中小企业境外投资提供低息特别贷款的专门机构；最后还通过政府层面的贸易振兴协会与民间组织层面的商工会等提供相关服务支持。日本与美国相比，对外直接投资政策的主要差异之处是政府对国内产业发展的导向性更明确。日本政府将国内产业政策与对外直接投资政策进行综合协调，如政策性金融机构针对符合产业政策导向的对外直接投资给予低息、长期优惠贷款支持；通过国内立法和支持计划对国内重点产业进行规制性引导，限制那些可能导致国内高端产业技术外溢的领域开展对外直接投资活动，鼓励那些国内市场饱和的消费类产业积极开展对外直接投资活动。

三、美国和日本对外直接投资政策的中国启示

源于"盎格鲁——撒克逊"模式的自由市场基因，美国政府的对外直接投资政策基调主要是"消除障碍、鼓励自由发展"，可以大致归结为两类：一类是保护海外投资免遭政治风险的保证制度；另一类是避免双重征税、提供资金与信息服务支持的海外投资促进制度。日本政府在仿效美国的对外直接投资保证制度和促进制度基础上，带有一定的东亚"赶超模式"特征，强调"政府干预"的作用。对于中国的启示：

一是以国内法律为基础，形成具有统一性和协调性的对外直接投资政策体系。中国对外投资政策多由商务部、国家发展和改革委员会、国家外汇管理局等部门制定，缺少全国人大或人大常委会制定通过的法律。从保护海外投资权益或主张国家战略意图的角度，中国应制定具有上位法律地位的国内法，其将有利于形成统一性的对外直接投资政策体系。

二是建立政府投资协议与商业保险相互配套的海外投资保证制度。根据2021年7月商务部发布的《企业利用投资协定参考指南》显示，截至2021年6月28日，我国已与相关国家和地区签署并现行有效的投资协定有108个，仍有在很多国家和地区的海外投资风险无法得到保证。为此，政府应继续推动双/多边以及区域投资协议的签订同时，完善中国出口信用保险公司的海外投资保险业务，形成市场与政府相互补充的系统化的海外投资保证制度体系。

三是完善旨在契合国内产业转型升级需要的税收、信贷与信息服务等海外投资促进制度。从美国和日本的教训来看，随着国内传统制造业增长速度放缓，加速海外投资可能导致所谓的"去工业化"（即第三产业快速增长并超过第二产业的过程导致了国内产业"脱实向虚"或产业"空心化"问题），这是美国和日本在2008年金融危机后暴露出来的突出问题。对此，中国应将鼓励产业内外关联的税收与融资政策作为重点，形成精准化的海外投资产业选择与国内产业高级化互动机制，建立促进吸收逆向溢出效应的激励性制度体系，提供企业所需要的海外投资前中后相关法律与信息等服务。中国对外直接投资政策效果应最终定位于通过海外投资发展促进国内产业转型升级实现产业结构合理化与高级化，通过国内产业发展推动"走出去"企业在高端

技术、战略资源与市场开拓等方面达成投资意图。

四是通过政府对外援助为企业海外投资创造良好合作环境。中国政府对外援助大致经历了从"南南合作""大经贸战略"再到"一带一路"建设的范畴认知过程，包含有政治认同、公共外交、人文交流的属性。2015年在联合国成立70周年系列峰会期间，习近平主席宣布为全球发展提供"6个100"① 公共产品项目支持计划②；2017年在首届"一带一路"国际合作高峰论坛上，习近平主席宣布为发展中国家提供600亿元人民币援助项目③；2020年在第73届世界卫生大会视频会议开幕式上，习近平主席宣布了一系列中国支持全球抗疫的援助计划和支持举措④。在形式多样与讲求实效的基本政策主张下，政府相关部门应积极为中外企业合作搭建平台，让国内企业了解和熟悉受援国的商务合作政策环境与投资项目信息；中国企业更应抓住机遇，凭借中国企业产品与服务的性价比优势加快拓展海外市场。

第四节　对外直接投资的他国当代政策特征

在当前逆全球化趋势下，中国企业在东道国面临的政策环境成为影响对外直接投资发展的重要制约因素。这里通过分析当代各国政策基调特征，对于中国对外直接投资政策调整具有重要的参考价值与借鉴意义。

一、发达国家的限制性外商投资政策相对增多

依据联合国贸发会议公布的《世界投资报告》显示：在涉及外商直接投

---

① 包括100个减贫项目、100个农业合作项目、100个促贸援助项目、100个生态保护和应对气候变化项目、100所医院和诊所、100所学校和职业培训中心，帮助实施100个"妇幼健康工程"和100个"快乐校园工程"，设立南南合作援助基金，设立中国—联合国和平与发展基金，提供来华培训和奖学金名额，免除有关国家无息贷款债务，设立南南合作与发展学院和国际发展知识中心等重要举措。

② 《新时代的中国国际发展合作》，载于《人民日报》，2021年1月11日，第14版。

③ 《携手推进"一带一路"建设——习近平在"一带一路"国际合作高峰论坛开幕式上的演讲》，载于《人民日报》，2017年5月15日，第3版。

④ 《团结合作战胜疫情　共同构建人类卫生健康共同体——习近平在第73届世界卫生大会视频会议开幕式上的致辞》，载于《人民日报》，2020年5月19日，第2版。

资的国别政策变化中，剔除中性政策后的限制性或监管政策占比逐年递增，而自由化或促进政策占比呈递减趋势（见图9-3）。这些新增限制性或监管政策主要是针对涉及国家安全方面的基础设施、核心技术、国防与敏感性商业投资以及在土地、自然资源、矿产等领域的外国投资进行限制或严格监管。分区域来看，自由化或促进政策在亚洲、非洲、拉丁美洲和加勒比海地区的发展中经济体与转型经济体占多数，而限制性或监管政策在欧洲、北美与其他地区的发达国家则占多数。

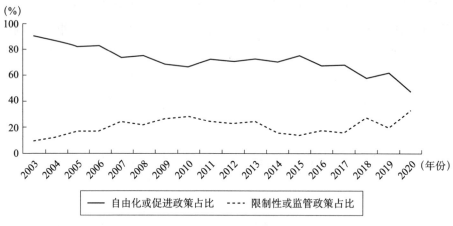

图9-3　涉及对外直接投资的国别政策基调变化

资料来源：相关年份的《世界投资报告》，联合国贸发会议。

二、国际投资协定更加突出"以我为主"的可持续发展

据联合国贸发会议（UNCTAD）统计，截至2021年底，全球共有2558个生效的国际投资协定[①]。从趋势来看，主要以双边投资协定为主，大型区域性投资协定在近些年增长迅速，可能会对未来国际投资规则制定产生重大影响，如非洲大陆自贸区的可持续投资议定书、欧盟—英国贸易协定、中欧全面投资协定、区域全面经济伙伴关系协定（RECP）等。这些投资协定总体上呈现出三个主要变化：一是更加强调负责任投资的条约规定，在诸如保护健康、安全、劳动权利、环境和可持续发展方面的条约数量增加；二是突

---

① 参见《2022年世界投资报告：国际税收改革和可持续投资》，联合国贸发会议发布。

出强调保留监管空间，尽量避免保护伞条款即避免将东道国国内管辖的合同争端按照例外约定上升为须负国际责任的条约争端情况出现；三是在公平公正待遇、东道国剥夺投资者财产权情形等方面的约定条约内容越来越细化。这三个特征变化反映了签约国对于追求国内经济社会可持续发展与对待外商直接投资的"以我为主"意愿的增强。

三、美国的涉外投资政策基调趋紧

美国作为全世界最大的资本双向流动国家，其涉外投资政策基调变化对全世界具有重要的影响，这种影响表现为欧美其他国家的仿效以及美国通过国际联盟与区域性机构形成的一致性延伸。近期内的美国税改与对华外商投资政策变化尤其值得关注。2017年美国政府推出的《税收与就业法》在2018年1月开始实施，对美国跨国公司的海外存量利润汇回与税收收入产生了较大影响。2021年4月美国财政部公布了"匹兹堡基建宣言"的税改计划，其也旨在取消离岸投资激励措施、减少利润转移与抑制公司税领域竞争。从趋势性来看，美国政府在通过税改吸引海外资本回流、降低企业税提升美国企业竞争力方面具有一致性。"新税改"向世界传递的信号是美国政府更加重视和鼓励资本的流入，这实际上也是"以我为主"理念的一种体现。为此，"新税改"中还专门出台了过渡法令，针对鼓励企业海外投资的延期纳税等美国传统鼓励对外直接投资政策进行修正，以防止税收流失。

以"国家安全"为理由，美国政府对中国高新技术企业在美直接投资进行限制和打压已成为中国企业赴美投资的最大风险。2017年美国贸易代表已经开始对中国法律政策与实践做法开展所谓的"对美国知识产权与技术创新的侵害损失"调查，2018年3月美国公布的"对华301调查报告"中指责中国政府鼓励对外并购高技术资产来帮助中国企业获取技术；其后通过的《美国外国投资风险评估现代化法案》强调为了保持美国对华技术优势须重点关注且区别对待中国投资，该法案的实施细则于2020年1月由美国财政部发布，包括《关于外国人在美国进行特定投资的规定》与《关于外国人在美国进行有关不动产特定交易的规定》，新规扩大了美国外国投资审查委员会对外商投资更为广泛的审查权利，这意味着美国外商投资政策的进一步收紧。美国外商投资政策变化可能会对欧美其他国家的对华政策改变产生引致性影响，这是不容忽视的。

为应对上述政策基调变化，中国对外直接投资政策应作出如下反应：

一是针对发展中国家和地区侧重于防范政治风险与投资环境风险，针对发达国家和地区侧重于防范监管和服务风险与投资保护风险，加快完善对外直接投资信息服务体系。2012 年以来中国对外直接投资年均超七成在亚洲、拉丁美洲占比 9.56%、非洲占比 2.6%，欧洲与北美累计占比 13.1%①。如此格局的主要原因，一方面是发展中国家的限制性外商投资政策相对较少，另一方面是迫于发达国家的排外与垄断力量而不得不更多选择政治风险高、投资环境较差的发展中国家和地区。目前面对"发达国家的限制性外商投资政策相对增多"情况，受到审查的中国企业可能会有所增加，中国企业为了获取技术进步而展开的进入发达国家的直接投资难度将会越来越大；而中国企业进入发展中国家和地区的直接投资并未因自由化或促进政策增多而实质性减少政治风险与投资环境风险。综上所述，为了降低投资风险，涉及"走出去"的信息服务平台建设应有所加强，针对不同国家，中国政府应从政治局势环境、经济发展形势、法律法规制度、行业投资机会与外汇金融市场规制等角度，为中国企业"走出去"提供完整的信息服务与项目决策建议。

二是加强对外直接投资企业在东道国履行社会责任培训。中国应强化"走出去"企业遵守东道国在用工权益保护、资源节约、环境保护与社会公益等领域的自觉承担和履行社会责任的意识与能力；提出明确要求，发布指导性文件，有针对性开展培训活动，将其作为企业可持续发展与国家间友好合作的前提条件加以重视。相关部门应将企业在东道国履行社会责任的行业与社会规范细则作为开展投资的前置论证分析材料，细化评估执行能力与执行成本，确保项目落地后的有效推进与落实。

三是保持冷静客观地对待美国市场投资机会。按照西方对外直接投资动机的一般性理论，在正常商业规则与东道国法律法规下，海外投资企业以获取技术、市场、战略资源等为目的的行为是最为正常的企业市场活动。但在如今美国等国家的"双标"下，中国企业希望通过与发达国家进行双向投资，以实现自身技术水平与生产效率的提升，这种常规渠道已经变得越来越

---

① 参见《中国对外直接投资统计公报（2012~2022 年）》。

非常规。美国新规的实施无疑将对在美国开展投资业务的中国投资者产生重要影响，中国投资者拟开展对美投资之前应做好相关准备，如交易是否会被美国外国投资审查委员会纳入审查范围、是否需要声明和申报以及如何进行声明和申报等，从而及时避免因交易安排被认定为对美国国家安全存在重大威胁而带来的交易被迫终止的风险。中美关系的短期不确定性将增大投资风险，长期内不可分割的关联性是中美企业交往的基础，客观分析、谨慎应对、保持联系、择机而动应是基本原则。针对美国税改可能引起的国际税收竞争即资本竞相向低税高利润国家流动，减税降负是中国长期内的必然选择。出于追求低税负为目的而"走出去"的国内资本实际上是一种"外逃"，不利于国内国外双向良性互动循环发展。中国政府应以减税降负为手段促进国内企业自主创新与产业转型升级、由低端价值链位置上升到高端位置，确保"走出去"企业能够在国际市场上与国外高端技术企业具有同层次竞争能力。这是中国企业在以往"顺技术梯度的下游位置向上游位置企业学习先进技术的路径"即所谓的"市场换技术""资源换技术"等难以为继时，采取的必然选择。中国企业在未来更多的只能是在坚持原始创新与基础创新的基础上开展技术竞争、互换与互促。

第五节　中国对外直接投资政策的新时代特征

中国对外直接投资具有开放经济体系下国家经济发展阶段使然的一般性特征，更具有中国特色社会主义事业发展进入新阶段后开创新格局的新时代特征。党的十八大以来，中国在"富起来"向"强起来"的发展中，日益走向世界舞台的中央。对外直接投资承载的使命与任务亦更加丰富，其与中华民族伟大的复兴梦、人类命运共同体的世界繁荣梦紧密相连。根据联合国贸易与发展会议提出的外国直接投资流出业绩指数①，这里分析中国与发达国

---

① 该指数为一国对外直接投资占世界对外直接投资的份额与该国 GDP 占世界 GDP 的份额之比，其比值越大说明一国企业的海外拓展能力或经济开放程度越高，反映了一国伴随经济总量增长而呈现的跨国资本投资能力。

家、中国与新兴经济体国家的外国直接投资流出业绩指数比值，可以反映出基于对外直接投资视角的中国相对于发达国家/新兴经济体国家而言的融入世界经济程度。从图9-4中可以看出：从21世纪初"走出去"战略提出以来，中国相较于发达国家或者其他新兴经济体国家而言的融入世界程度在不断加深，尤其是党的十八大以来，该指数比值开始超过0.5。考虑到中国GDP占世界GDP份额增长相对较快的因素，从趋势来看，可以判定：进入新时代以来基于对外直接投资视角的中国融入世界经济程度正在加速，甚至在2016年与2018年的业绩指数超过了其他新兴经济体国家和发达国家。这说明，新时代中国对外直接投资的格局已发生新变化，为适应新格局的中国对外直接投资政策价值取向亦需要进行相应调整，这是遵循马克思主义关于"生产力与生产关系、经济基础与上层建筑"基本原理的必然要求。这里，我们将基于习近平新时代中国特色社会主义经济思想的内涵精髓，展开对中国对外直接投资政策的新时代特征总结。

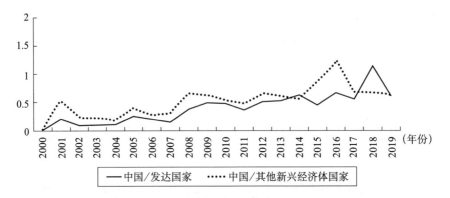

图9-4 中国与发达国家/新兴市场经济国家的对外直接投资流出业绩指数比值

资料来源：联合国贸发会议数据库统计资料（https：//unctadstat. unctad. org/wds/ReportFolders/reportFolders. aspx），其中，其他新兴经济体国家数据已剔除中国数据。

一、政策目标更加强调价值多元化

习近平总书记提出，在"充分利用国际国内两个市场与两种资源"的基础上，应进一步做好"兼顾国内国际两个大局"，一方面"努力在国际分工中占据更有利的地位……推动价值链从低端向中高端延伸，更深更广融入全球供给体系"①；另一方面"积极参与全球投资规则的制定和全球经济治理，促进国际经济秩序朝着平等公正、合作共赢的方向发展"②。这意味着通过对外直接投资，中国在融入世界的同时，还需要积极影响和改变世界，通过共商、共建、共享"一带一路"，形成中国主导、多国参与的供应链、产业链与价值链驱动共建国家共享发展；通过构建"持久和平、普遍安全、共同繁荣、开放包容、清洁美丽"的人类命运共同体，推动全球治理体系重建。中国企业海外投资与东道国之间要形成最大化的"利益交融点"，面对商业化价值与命运共同体意识、短期利益与长期发展的冲突与博弈，坚持相互尊重与平等互利，以对话协商解决问题，重视长期合作与寻求共赢发展将是中国对外直接投资政策的基本价值取向，"各国要树立命运共同体意识，真正认清'一荣俱荣、一损俱损'的连带效应，在竞争中合作，在合作中共赢。"③

二、政策体系功能不断将"散点优势"上升为"综合优势"

中国以往偏向于发展中国家的直接投资倾向于资源合作开发，面向发达国家的直接投资更倾向于技术学习，针对"南南合作"国家的直接投资则是为了促进政治合作，各有侧重，但总的说来，价值认同、经济成本考量与技术相对优势发挥等动机和目的都是点对点的。进入新时代以来，中国围绕"一带一路"建设，更加注重凝练包括了政治与地缘、技术与资金、市场与产能等在内的综合性优势。习近平总书记关于"牢固的政治和战略互信是交流中俄关系最宝贵、最核心的价值，是双方开展各领域合作的独特优势"④、"中国—中东欧国家合作框架的建立为拓展中国同包括罗马尼亚在内的中东

① 中共中央文献研究室编：《习近平关于社会主义经济建设论述摘编》，中央文献出版社2017年版，第307页。
② 中共中央文献研究室编：《习近平关于社会主义经济建设论述摘编》，中央文献出版社2017年版，第298页。
③ 习近平：《习近平谈治国理政：第1卷》，外文出版社2018年版，第336页。
④ 《"我们是山水相连的好邻居"——记习近平主席对俄罗斯进行国事访问》，载于《人民日报》，2017年7月6日，第2版。

欧国家的各领域合作搭建了新平台"① "中巴关系的最大特点是高度政治互信，凡事为对方着想，始终站在对方的角度思考问题"② 等一系列政治判断已成为中国对外直接投资的重要政治基础与政治优势所在。中国对外交往最初的活跃地带是传统华人地区，由此向亚洲的睦邻友邦拓展，再向西而行构建"一带一路"，2022 年 1 月 1 日正式生效的 RCEP 更是开启了向东延展的自由贸易与投资区域发展，这表明中国对外直接投资的地缘优势在不断拓展。党的十八大以来，中国在轨道交通、通信设备、发电与输变电设备等领域取得了许多原创性发展成就，经济总量居世界第二位，为"一带一路"建设、非洲发展提供了信贷与政府援助资金支持，已形成了明显的技术与资金优势。中国是拥有 4 亿多中等收入群体的"世界市场"，也是拥有 1.7 亿多受过高等教育或拥有各类专业技能人才的"世界工厂"，具有与 60 多个"一带一路"共建国家和地区潜在市场内外联通的齐全配套产能，这是中国对外直接投资的市场与产能优势所在。"我们要全面加强务实合作，将政治关系优势、地缘毗邻优势、经济互补优势转化为务实合作优势、持续增长优势，打造互利共赢的利益共同体"③，未来中国对外直接投资政策体系将围绕上述综合优势进行功能设计，提升政策效能。

三、政策原则理念更加秉持"两个结合"思想

习近平新时代中国特色社会主义经济思想是马克思主义中国化时代化最新发展成果。马克思主义与中国实践相结合、马克思主义与中国传统文化相结合在中国对外直接投资理论中亦有重要体现。从中国现阶段发展实践来看，中国对外直接投资要处理好高质量"走出去"与国内经济高质量发展的关系，"走出去"是伴随着"引进来"的深入发展而逐渐步入高质量发展轨道的，国内外资本的交互促进以及均衡发展格局是"国内国际双循环相互促进新发展格局"的必然要求与应然反映。国内经济高质量发展是对外直接投资

---

① 习近平：《推动中国—中东欧国家合作取得更多成果》，新华网，http://www.xinhuanet.com//politics/2013－07/02/c_116371873.htm。

② 《习近平在巴基斯坦议会发表重要演讲》，载于《人民日报》，2015 年 4 月 22 日，第 1 版。

③ 《弘扬人民友谊 共创美好未来——习近平在纳扎尔巴耶夫大学的演讲》，载于《人民日报》，2013 年 9 月 8 日，第 3 版。

的根本与基础，高质量对外直接投资是促进国内发展的途径与方式。"'一带一路'建设重点在国外，但根基在国内……要重视发挥国内经济的支撑辐射和引领带动作用……双向开放才能实现更好的利益融合"①。

马克思曾批判发达国家以追求高额垄断利润为目的的资本输出。从中国传统文化价值观来看，传统文化中强调的"义利相兼、以义为先"根植于新时代所提出的人类命运共同体理念之中。中国摆脱发达国家历史上的"竭泽而渔"式的短期利益最大化思维逻辑，主张将合作双方利益兼顾，造福各自人民，亦造福全球人类。"中国发展绝不以牺牲别国利益为代价，我们绝不做损人利己、以邻为壑的事情"②，"我国企业'走出去'既要重视投资利益，更要赢得好名声、好口碑，遵守驻在国法律，承担更多社会责任"③，"中国将大力支持发展中国家能源绿色低碳发展，不再新建境外煤电项目"④ 等理念与做法正是当代马克思主义对世界和平与发展的重要贡献。中国对外直接投资政策理念将在秉持国内发展与国际交往良性互动、中国式传统文化与社会主义国家价值观有机融合基础上不断创新发展。

---

① 中共中央文献研究室编：《习近平关于社会主义经济建设论述摘编》，中央文献出版社 2017 年版，第 279 页。
② 习近平：《习近平谈治国理政：第 1 卷》，外文出版社 2018 年版，第 249 页。
③ 习近平：《习近平谈治国理政：第 3 卷》，外文出版社 2017 年版，第 501 页。
④ 《坚定信心 共克时艰 共建更加美好的世界——习近平在第七十六届联合国大会一般性辩论上的讲话》，载于《人民日报》，2021 年 9 月 22 日，第 2 版。

参考文献

[1] 习近平：《习近平谈治国理政：第 1 卷》，外文出版社 2018 年出版。

[2] 习近平：《习近平谈治国理政：第 3 卷》，外文出版社 2017 年出版。

[3] 陈俊聪、黄繁华：《对外直接投资与贸易结构优化》，载于《国际贸易问题》2014 年第 3 期。

[4] 陈佳贵、张金昌：《实现利润优势—中美具有国际竞争力产业的比较》，载于《国际贸易》2002 年第 5 期。

[5] 陈培如等：《制度环境与中国对外直接投资——基于扩展边际的分析视角》，载于《世界经济研究》2017 年第 2 期．

[6] 狄振鹏、李世美：《对外直接投资逆向技术溢出对国内技术创新影响的实证分析——基于自主创新和模仿创新视角》，载于《技术经济》2020 年第 4 期。

[7] 程磊：《新中国 70 年科技创新发展：从技术模仿到自主创新》，载于《宏观质量研究》2019 年第 7 期。

[8] 戴利研、李震：《双边政治关系、制度质量与中国对外直接投资》，载于《经济理论与经济管理》2018 年第 11 期。

[9] 丹尼·罗德里克：《贸易的真相——如何构建理性的世界经济》，中信出版社 2018 年版。

[10] 陆书哲：《对外直接投资的发展阶段与收益水平》，载于《社会科学研究》2017 年第 3 期。

[11] 梁锶等：《中国对中东欧国家 OFDI 逆向技术溢出效应研究》，载于《宏观经济研究》2018 年第 8 期。

［12］廖红伟、杨亮平：《"一带一路"沿线国家 OFDI、产业结构升级与经济增长：互动机理与中国表现》，载于《社会科学研究》2018 年第 9 期。

［13］李宏兵等：《中国企业对外直接投资影响了劳动力市场的就业极化吗?》，载于《财贸研究》2017 年第 6 期。

［14］李斌、李晓欢、谢鹏：《我国技术进步影响因子研究——基于 1987—2007 年数据的实证分析》，载于《软科学》2010 年第 5 期。

［15］李梅、袁小艺、张易：《制度环境与对外直接投资逆向技术溢出》，载于《世界经济研究》2014 年第 2 期。

［16］李勃昕、韩先锋、李宁：《知识产权保护是否影响了中国 OFDI 逆向创新溢出效应?》，载于《中国软科学》2019 年第 3 期。

［17］李晓宏、孙林岩、何哲：《中国技术进步影响因素研究（1981—2006 年)》，载于《软科学》2008 年第 7 期。

［18］刘文勇：《社会主义收入分配思想演进与制度变迁研究》，载于《上海经济研究》2021 年第 1 期。

［19］刘文勇：《改革开放以来中国对外投资政策演进分析》，载于《上海经济研究》2022 年第 4 期。

［20］刘文勇：《中国经济"走出去"能力分析——基于"一带一路"视角的研究》，载于《学术交流》2021 年第 8 期。

［21］刘文勇：《发展型消费的制度嵌入研究——基于部分发达国家 20 世纪下半期经济改革的分析》，载于《求是学刊》2021 年第 2 期。

［22］刘冰，张磊：《山东绿色发展水平评价及对策探析》，载于《经济问题探索》2017 年第 7 期。

［23］罗丽英、黄娜：《我国对外直接投资对国内就业影响的实证分析》，载于《上海经济研究》2008 年第 8 期。

［24］雷家骕、刘影、戚耀元、张庆芝：《中国技术创新 40 年：四阶爬坡轨迹述评》，载于《科技进步与对策》2019 年第 1 期。

［25］罗伯特·吉尔平：《跨国公司与美国霸权》，东方出版社 2011 年版。

［26］方芳、钟秉林：《"双循环"新发展格局下高等教育高质量发展的

理论逻辑与现实思考》，载于《中国高教研究》2022 年第 1 期。

［27］封伟毅：《开放经济条件下技术进步影响因素研究》，载于《当代经济研究》2018 年第 9 期。

［28］郭界秀：《中国工业技术进步的分解及影响因素研究——基于 DEA 的 Malmquist 指数法》，载于《经济经纬》2015 年第 9 期。

［29］干春晖、郑若谷、余典范：《中国产业结构变迁对经济增长和波动的影响》，载于《经济研究》2011 年第 5 期。

［30］韩慧、赵国浩：《对外直接投资影响我国创新能力的机制与实证研究——技术差距视角的门槛检验》，载于《科技进步与对策》2018 年第 4 期。

［31］韩永辉、黄亮雄、王贤彬：《产业政策推动地方产业结构升级了吗？——基于发展型地方政府的理论解释与实证检验》，载于《经济研究》2017 年第 8 期。

［32］胡琰欣等：《中国对外直接投资的绿色生产率增长效应——基于时空异质性视角的经验分析》，载于《经济学家》2016 年第 12 期。

［33］胡凯、吴清、胡毓敏：《知识产权保护的技术创新效应——基于技术交易市场视角和省级面板数据的实证分析》，载于《财经研究》2012 年第 8 期。

［34］侯敏：《东盟与澳新农产品贸易的互补性研究——基于相对贸易优势与贸易互补性系数的分析》，载于《国际贸易问题》2011 年第 10 期。

［35］霍忻：《中国 OFDI 逆向技术溢出对国内技术进步影响研究——基于吸收能力视》，载于《经济经纬》2016 年第 3 期。

［36］蒋殿春、张宇：《经济转型与外商直接投资技术溢出效应》，载于《经济研究》2008 年第 7 期。

［37］靳巧花、严太华：《OFDI 影响区域创新能力的动态门槛效应》，载于《科研管理》2019 年第 11 期。

［38］姜亚鹏、王飞：《中国对外直接投资母国就业效应的区域差异分析》，载于《上海经济研究》2012 年第 7 期。

［39］毛海欧、刘海云：《中国 OFDI 如何影响出口技术含量——基于世界投入产出数据的研究》，载于《数量经济技术经济研究》2018 年第 7 期。

［40］毛振华、袁海霞：《"一带一路"沿线国家吸引国际直接投资的制度建设研究——中国"渐进式改革"经验与借鉴》，载于《经济理论与经济管理》2017 年第 10 期。

［41］毛晶晶、路琳、史清华：《上海农民工就业质量影响因素研究——基于代际差异视角》，载于《中国软科学》2020 年第 12 期。

［42］秦炳涛、张婕：《要素成本、OFDI 与中国产业"空心化"》，载于《重庆工商大学学报（社会科学版)》2020 年第 7 期。

［43］阮敏、李衡：《母国制度环境对 OFDI 逆向技术溢出效应研究》，载于《产经评论》2018 年第 3 期。

［44］司增绰、周坤：《中日两国产业贸易的优劣势与竞补性》，载于《国际商务研究》2019 年第 5 期。

［45］宋跃刚等：《制度环境、OFDI 与企业全要素生产率进步的空间视角分析》，载于《世界经济研究》2016 年第 11 期。

［46］宋勇超：《中国对外直接投资的逆向技术溢出效应研究——理论模型与实证检》，载于《经济经纬》2015 年第 3 期。

［47］田泽、许东梅：《我国对"一带一路"重点国家 OFDI 效率综合评价——基于超效率 DEA 和 Malmquist 指数》，载于《经济问题探索》2016 年第 6 期。

［48］徐德云：《产业结构升级形态决定、测度的一个理论解释及验证》，载于《财政研究》2008 年第 1 期。

［49］杨栋旭、周菲：《对外直接投资与中国产业结构升级——基于产能转移与技术进步双重视角的研究》，载于《经济问题探索》2020 年第 10 期。

［50］杨连星、张梅兰：《中国对外直接投资与国内投资：挤出还是挤入?》载于《世界经济研究》2019 年第 1 期。

［51］余官胜：《对外直接投资、地区吸收能力与国内技术创新》，载于《当代财经》2013 年第 9 期。

［52］阎虹戎等：《对外直接投资是否改善了母公司的员工结构?》载于《世界经济研究》2018 年第 1 期。

［53］尹东东、张建清：《我国对外直接投资逆向技术溢出效应研究——

基于吸收能力视角的实证分析》，载于《国际贸易问题》2016年第1期。

［54］殷朝华、郑强、谷继建：《对外直接投资促进了中国自主创新吗——基于金融发展视角的实证研究》，载于《宏观经济研究》2017年第8期。

［55］尹建华、周鑫悦：《中国对外直接投资逆向技术溢出效应经验研究——基于技术差距门槛视》，载于《科研管理》2014年第3期。

［56］叶修群、滕玉华、刘荣春：《保税区和出口加工区对地区产业空心化影响研究——基于空间杜宾模型和中介效应模型的实证分析》，载于《中央财经大学学报》2022年第3期。

［57］衣长军、李赛、张吉鹏：《制度环境、吸收能力与新兴经济体OF-DI逆向技术溢出效应——基于中国省际面板数据的门槛检验》，载于《财经研究》2015年第1期。

［58］吴哲等：《新兴经济体对外直接投资的逆向知识溢出效应——中国对"一带一路"国家OFDI的实证检验》，载于《中国管理科学》2015年第11期。

［59］吴海民：《资产价格波动、通货膨胀与产业"空心化"——基于我国沿海地区民营工业面板数据的实证研究》，载于《中国工业经济》2012年第1期。

［60］吴敬琏：《中国增长模式抉择（增订版）》，上海远东出版社2008年版。

［61］王英、刘思峰：《国际技术外溢渠道的实证研究》，载于《数量经济技术经济研究》2008年第4期。

［62］谢建国、周雨婷：《区域贸易自由化与中国企业的跨国并购——基于企业微观并购数据的研究》，载于《经济评论》2019年第9期。

［63］郑强、冉光和：《中国双向FDI的绿色生产率溢出效应——基于动态面板模型的实证检验》，载于《统计与信息论坛》2018年第6期。

［64］郑新年：《有限全球化：世界新秩序的诞生》，东方出版社2021年5月版。

［65］张海波、彭新敏：《ODI对我国的就业效应——基于动态面板数据

模型的实证研究》，载于《财贸经济》2013 年第 2 期。

[66] 张欢，罗畅，成金华等：《湖北省绿色发展水平测度及其空间关系》，载于《经济地理》2016 年第 9 期。

[67] 张经纬、陈志、丁士军：《就业质量、社会信任与农民工主观幸福感研究》，载于《华中农业大学学报（社会科学版）》2021 年第 2 期。

[68] 张一林、林毅夫、朱永华：《金融体系扭曲、经济转型与渐进式金融改革》，载于《经济研究》2021 年第 11 期。

[69] 朱金鹤，叶雨辰：《新常态背景下新疆绿色经济发展水平测度及空间格局分析》，载于《生态经济》2018 年第 3 期。

[70] 周经、黄凯：《OFDI 逆向技术溢出提升了区域创新能力吗？——基于空间杜宾模型的实证研究》，载于《世界经济与政治论坛》2020 年第 2 期。

[71] 周春应：《对外直接投资逆向技术溢出效应吸收能力研究》，载于《山西财经大学学报》2009 年第 8 期。

[72] 赵伟、古广东、何元庆：《外向 FDI 与中国技术进步：机理分析与尝试性实证》，载于《管理世界》2006 年第 7 期。

[73] 中共中央文献研究室编：《习近平关于社会主义经济建设论述摘编》，中央文献出版社 2017 年版。

[74] 瞿淦：《中国企业对外直接投资产业升级反哺效应研究》，苏州大学 2019 年。

[75] Aleksynska, M. & O. Havrylchyk (2013). FDI from the south: The role of institutional distance and natural resource. European Journal of Political Economy, 29 (2).

[76] Al-Sadig, A. J. (2013). Outward foreign direct investment and domestic investment: the case of developing countries. Washington, D. C.: International Monetary Fund.

[77] Anderson J. & Sutherland, D. (2015). Entry mode and emerging market: an analysis of Chinese greenfield and acquisition FDI in the United States. Research of International Business Finance, 35. https://doi.org/10.1016/

j. ribaf. 2015. 03. 008.

［78］ Banker, R. D. , Charnes, A. , and Cooper W. W. (1984) . Some Models for Estimating Technical and Scale Inefficiency in Data Envelopment Analysis. Management Science, 30 (9) .

［79］ Benito, G. R. G. (2015), Why and how motives (still) matter? Multinational Business Review, 23 (1).

［80］ Bitzer J. & Gorg. H. (2009). Foreign Direct Investment, Competition and Industry Performance. The World Economy, 32.

［81］ Birdsall and D. Wheeler (1993). Trade Policy and Pollution in Latin American: Where are the Pollution Havens? Journal of Environment & Development, 2 (1).

［82］ Brainard, Lael (1997). An empirical assessment of the proximity-concentration trade-off between multinational sales and trade. American Economic Review, 87 (4).

［83］ Bruno van Pottelsberghe de la Potterie, Frank Lichtenberg (2001). Does Foreign Direct Investment Transfer Technology Across Borders? Review of Economics and Statistics, 83 (3).

［84］ Carmen Stoian (2013). Extending Dunning's investment development path: the role of home country institutional determinants in explaining outward foreign direct investment. International Business Review, 22.

［85］ Charles, Kerwin Kofi & Stephens, Melvin (2013). Employment, wages, and voter turnout. American Economic Journal: Applied Economics, 5 (4).

［86］ Cuervo-Cazurra, A. , & Ramamurti, R (2015). The escape motivation of emerging market multinational enterprises. Columbia FDI Perspectives, No. 143, 16th March, Columbia Center on Sustainable Investment, http: // ccsi. columbia. edu/publications/columbia-fdi-perspectives/ Accessed 10. 05. 5.

［87］ Choudhury, P. & T. Khanna (2014) . Why state-owned entities become multinationals: An empirical study of India's public R&D laboratories. Journal of International Business Studies, 45 (9) .

［88］Cowling K. , Tomlinson P. R（2000）. The problem of regional "Hollowing Out" In Japan：Lesson for regional industrial policy. Working paper, University of Warwick.

［89］David T. Coe, Elhanan Helpman（1995）. International R&D spillovers. European Economic Review, 39（5）.

［90］Dasgupta, K.（2012）. Learning and knowledge diffusion in a global economy. Journal of International Economics, 87（2）.

［91］Di Minin A. , Zhang, J. & Gammeltoft, P.（2012）. Chinese foreign direct investment in R&D in Europe：a new model of R&D internationalization? European Management Journal, 30（3）, https：//doi. org/10. 1016/j. emj. 2012. 03. 004.

［92］Ditte Hakonsson Lyngemark1（2018）. The geography of foreign direct investment's spillover effects：evidence from denmark. Kraks Fond-Institute for Urban Economic Research, New York City, NY, USA , 10, http：//v2017. specialsci. cn/.

［93］Eunsuk Hong, In Hyeock Lee & Shige Makino（2018）. Outbound foreign direct investment motivation and domestic employment by multinational enterprises. Journal of International Management, 13：（12）.

［94］Gammeltoft, P. et al.（2010）. Emerging multinationals：Home and host country determinants and outcomes. International Journal of Emerging Markets, 5（1）.

［95］Gary Gereffi（1999）. International Trade and Industrial Upgrading in the Apparel Commodity Chain. Journal of International Economics, Vol. 48.

［96］Elhanan Helpman（1984）. A simple theory of international trade with multinational corporations. Journal of Political Economy, 92（3）.

［97］J. Paul & G. R. G. Benito（2018）. A review of research on outward foreign direct investment from emerging countries, including China：What do we know, how do we know and where should we be heading? Asia Pacific Business Review, 24（1）.

［98］Kang Youngho & Whang Unjung（2018）. To Whom Does Outward FDI Give Jobs? Open Economics Review, 29（3）.

［99］Koopman R, Powers W M, Wang Z, et al. Give Credit Where Credit is Due: Tracing Value Added in Global Production Chains. NBER Working Paper, 2010 (w16426).

［100］Luo, Y. & R. Tung (2007). International expansion of emerging market enterprises: A springboard perspective. Journal of International Business Studies, 12 (2).

［101］Mathews, John A. (2006). Dragon multinationals: New players in 21st century globalization. Asia Pacific of Management, 23 (3).

［102］Minoru, I (2006). Hollowing-out of the Japanese Manufacturing and Regional Employment Development. Japan Institute for Labor Policy and Training.

［103］Piperopoulos, P. et al. (2018). Outward FDI, location choices and innovation performance of emerging market enterprises. Research Policy, 47 (1).

［104］Peng, M. W., Ahlstrom, D., Carraher, S. M., & Shi, W. (2017). History and the debate over intellectual Property. Management and Organization Review, 13 (1).

［105］Ramamurti, R. (2012). What is really different about emerging market multinationals? Global Strategy Journal, 2 (1).

［106］Ramon Padilla-Perez & C. G. Nogueira (2016). Outward FDI from small developing economies: Firm level strategies and home-country effects. International Journal of Emerging Markets, 11 (4).

［107］Robert E. Lucas, Jr (1988). On the Mechanics of Economic Development. Journal of Monetary Economics, 22.

［108］Stoian, Carmen (2013). Extending dunning's investment development path: The role of home country institutional determinants in explaining outward foreign direct investment. International Business Review, 22 (3).

［109］Simpson H., (2012). Investment abroad and labour adjustment at home. Canadian Journal of Economics, 45 (2).

［110］Siming, Fu (2016). Foreign direct investment from developing countries and its implications for domestic investment rates. Published by Proquest LLC.

［111］O. S. Deol（2017）. Issues and destination determinants: outward foreign direct investment from India. Journal of Business and Management, 19 (6).

［112］Chyau Tuan, Linda, F. Y. N. （2004）. Manufacturing agglomeration as incentives to Asian FDI in China after WTO. Journal of Asian Economics, 15.

［113］Xing, Y. and Kolstad, C. Do Lax Environmental Regulations Attract Foreign Investment? Environment and Resource Economics, 2002 (21).

［114］Yu Z. , Jingjing J. , Bin Y. & Bojun H. （2019）. Green spillovers of outward foreign direct investment on home countries: evidence from China's province-level data. Journal of Cleaner Production, www. elsevier. com/ locate/jclepro.

［115］Zhou, Y. et al. （2019）. Green spillovers of outward foreign direct investment on home countries: Evidence from China's province-level data. Journal of Cleaner Production, 15 (2) .